グレート・ムタ伝

愚零闘武多

武藤敬司／著

辰巳出版

グレート・ムタ伝

Contents

イントロダクション――「武藤敬司」と「グレート・ムタ」

２０２１年2月12日、俺はプロレスリング・ノアの日本武道館大会でＧＨＣヘビー級王者の潮崎豪に挑戦し、ベルトを奪取した。これで3大メジャーと呼ばれる団体の頂点のシングル王座をすべて獲得したことになる。要するに、グランドスラム達成というわけだ。

そして、3日後の2月15日にノアへの入団を発表した。選手契約を結ぶ話は向こうから提示されて、条件面も満足できるものだったから、所属になることに合意したんだ。これには驚いた人も多いと思う。

ご存じのように、２０２０年から世界中をパニックに陥れている新型コロナウィルスは、日本のプロレス界も直撃した。政府が発した緊急事態宣言によって人々は外出の自粛を余儀なくされ、感染防止のために多人数が集まることも良しとされなくなった。人を集めて興行を打つプロレス界にとって、これは大打撃だよ。

そんな状況でも、ノアは無観客試合という形で興行を再開させた。そのプロレスの火を消さないように、少しでも前に進もうとするノアの姿勢は素晴らしいと思ったよ。これも入団を決意した理由のひとつだった。

それに何十年とプロレスに携わってきた俺だけど、無観客で試合をするというのは初めての経験だった。何事も初体験というのは、刺激的なことだよ。

１９８４年10月に新日本プロレスでデビューしてから、俺は様々なことにチャレンジしてきた。特に若い頃に海外で経験したことは、その後、30年以上にわたってプロレス界で生きていく上で大きな糧となった。

言葉も通じない異国の地で、いかに生き残っていくか。日々、考えを巡らせ、リングに上がり続けた。その結晶が武藤敬司というレスラーであり、俺が代理人を務めるグレート・ムタということになる。

武藤敬司とグレート・ムタは、常に表裏一体の関係にあった。俺が活躍している時はムタの出番はないし、ムタが注目を浴びている時は俺の出番は少ない。

今は武藤敬司が老体に鞭打ち、ノアのリングでがんばっている。そうとなると、ムタはしばらくお休みということになるかもしれない。

しかも２０２１年現在、いまだにコロナ禍が続いている。この新型コロナウィルスは、ムタにとっても最大の敵だった。今のご時世、口から飛沫そのものを大量に撒き散らす毒霧なんて、もってのほかということになる。

俺は２０１８年に、膝の人工関節を入れる手術をした。それにより、代名詞とも言えるムーンサルトプレスも封印することになった。

一方、ムタは新型コロナウィルスにより毒霧を封じられた。これはムーンサルトプレスが使えないことよりも痛手と言うしかない。毒霧を吹かないムタなんて、俺の中では想像できないからね。

でも、いつかこの困難な状況を乗り越えて、再びムタが好き勝手に暴れまくることができるようになるだろう。そんな日がいち早く来ることを願いながら、この小休止期間にムタの道のりを代理人の俺がまとめてみるのも悪くないんじゃないかと思い、こうして一冊の本になった。

結論を先に書いてしまうと、俺から見ればグレート・ムタほど使い勝手のいいレスラーは他にいないよ。

Chapter 1

CWF~WWC~WCCW~WCW ERA

俺が初めてアメリカに行ったのは、デビューして1年が過ぎた1985年11月だった。海外修行を言い渡されたのは当時、新日本プロレスの現場を仕切っていた坂口征二さんからだったと思う。渡米する時には、その坂口さんも一緒に付いてきてくれたんだよ。

ニューヨーク経由で、フロリダに行ってね。通訳のケン田島さんも一緒だったのを憶えている。坂口さんは外国人レスラーの招聘にも携わっていたから、おそらくその辺の仕事も兼ねていたのかな。もしかしたら、フロリダのテリトリーを仕切っていたヒロ・マツダさんやデューク・ケオムカさんに「ウチの武藤をよろしく」と直接、お願いする意味もあったのかもしれない。

若い人たちは信じられないかもしれないけど、当時はまだ飛行機の中でタバコが吸える時代だった。俺もその頃は喫煙者だったから、坂口さんと一服しながら空の旅を楽しんだよ。しかも、坂口さんが一緒だからビジネスクラスだったしな。

また都合のいいことに、フロリダにはキング・イヤウケアの息子のロッキー・イヤウケアというレスラーが先に入っていたんだよ。あいつは新日本プロレスに留学生として来ていて、一緒に下積みをしていた間柄だからね。現地に顔見知りがいたことは心強かったよ。

そのロッキーと坂口さんがやり取りしてくれて、フロリダに行ったら俺の住むアパートも用意されていた。ツーベッドのアパートで家具もレンタルされていたし、俺自身は何もすることなく、そのままフロリダに入ることができて楽だったね。

この時、坂口さんからは「とりあえず半年くらい行ってこい」と言われていたんだよ。当時は長州力さんたちがジャパンプロレスとして新日本から出て行き、その前には前田日明さんたちも旧UWFに移っていた。だから、新日本も人材が不足していて、あまり長期間、海外に出しておくわけにはいかなかったんだろうな。

俺にとっては初めての海外だったし、不安はあったけど、これは楽しい不安だよ。好奇心も旺盛だった頃だからね。今と違って気軽に海外旅行に行ける時代でもなかったから、まだ日本人の誰もがアメリカに対して憧れを持っていた。しかも俺の実家は山梨で、田舎だったからね。まず東京に出た時に驚いたんだ。「マジかよ、ビルばっかじゃん！　凄えな！」と思ったもんだよ。

だから、日本よりもアメリカの方がもっと凄いと思っていた。でも、いざ行ってみたら、フロリダって山梨より田舎みたいなところだったからね。だだっ広いばかりで、何もないんだよ。でも、都心部のタンパはいい土地だった。ほどよく田舎でビーチもあって、気候もいいし、快適に過ごせる街だよ。

他に驚いたのは女だよな。新弟子の頃、たまに六本木のディスコに行ったりしたことがあって、外国人のスラッとしたスタイルのいい女性がたくさんいたから、「アメリカに行ったら、こんないい女ばっかりいるんだろうな」と舌舐めずりしていたんだよ。

だけど、フロリダにはバケモノしかいないからガッカリした。芋とハンバーガーとコーラを主食にしているような女ばっかりだったな。六本木にいたような女性は、探してもいなかったよ。

ただ、住んでいる人たちの気質は東京よりも故郷の山梨に近かったね。アメリカの南部って、そういう土地らしいよ。だから、知らない人同士でも普通に「ハーイ!」、「ハロー!」と挨拶する。これがニューヨークみたいなビッグシティに行くと違うんだけどね。だから、フロリダは非常に住みやすかったよ。

俺が行った1980年代中盤のアメリカのプロレスは、今のWWEの興行スタイルとは全然違っていた。いわゆる「テリトリー制」というやつだよ。広大なアメリカの各テリトリーにそれぞれ仕切るプロモーターがいて、レスラーたちは彼らのテリトリーを渡り歩きながら仕事をしていくんだ。

例えば、フロリダのプロモーターに雇われたら、レスラーたちはタンパを中心とした周辺のサーキットコースの中だけで活動する。もしクビを切られたり、他のテリトリーのプロモーターからオファーがあれば、そっちに移る。これを繰り返していくんだよ。

俺が初めて行った頃は、すでにビンス・マクマホン率いるWWF(現WWE)の全米侵攻が始まっていた時期だったけど、まだ各地にテリトリーは残っていた。

これらのテリトリーを仕切るプロモーターはNWAという組織に加盟していて、加盟しているプロモーションにはNWA世界ヘビー級チャンピオンが派遣されるわけだ。そして、このNWA世界ヘビー級王者に地元のベビーフェースが挑戦するタイトルマッチが、そのテリトリーのビッグカードになるんだよ。俺がフロリダに入った時のNWA世界王者は、リック・フレアーだった。

当時、このフロリダのテリトリーを統括していたCWF(チャンピオンシップ・レスリング・フロム・フロリダ)という団体があって、そこを仕切っていたのがヒロ・マツダさんでね。元々、フロリダをプロモートしていたエディ・グラハムという人が自殺した後、その運営を引き継いだんだ。ただ、マツダさんはアパレル関係の別の仕事もやっていたから忙しそうだったな。そのためなのか、俺のことはあまり相手にしてくれなかったよ。

主に俺の相手をしてくれたのは、マツダさんのビジネスパートナーのデューク・ケオムカさんだった。ケオムカさんには2人の息子がいて、俺と年齢が近かったし、仲が良かったよ。兄貴のパトリックは「パット・タナカ」という名前でプロレスをやっていて、新日本に留学していたこともあるよな。弟のデビッドは、シアーズで働いていたよ。

そのうちケンドー・ナガサキこと桜田一男さんがフロリダに入ってきた。桜田さんはアメリカを中心に活動していた人だけど、当時は新日本にフリーとして参戦していてね。坂口さんに言われて、俺の面倒を見るために来たみたいだよ。

それからは桜田さんと俺、ロッキーも加えて、3人でツーベッドのアパートで生活していた。ただ、ロッキーは間もなく故郷のハワイに帰ったから、すぐに2人だけになって快適だったよ。

このフロリダにいた時期、やっぱり俺は新日本プロレス育ちだなと実感したのは、サーキットをしながら練習を欠かさなかったところだね。もちろん、他のレスラーもジムでウェイトトレーニングをやったりするんだけど、俺は対人の練習もしておかないと若干ながら不安もあったんだ。

だから、タンパにあった柔道場によく通っていたよ。その道場には、あのアントニオ猪木さんと異種格闘技戦を戦った五輪金メダリストのウィリアム・ルスカも来たことがあるらしい。誰かが「ルスカは強かった」なんて言っていたからさ。かといって、レベルが高いわけじゃないんだけどね。道場の中では、俺が一番強かったよ。

柔道場には、後にテキサスに行った時も通っていた。テキサスの道場は、日本人がやっていてね。飛行機の客室乗務員をしている男性で、たまたま同じ便になった時にワインをサービスしてくれたよ。

俺としては、向こうに行っても子供の頃から慣れ親しんだ柔道で対人の感覚を絶やさないというのは必要なことだったんだ。

この時期、フロリダのトップはワフー・マクダニエルというインディアンスタイルのレスラーだった。日本に何度も来ているし、新日本で猪木さんとも試合をしているからオールドファンなら名前は知っているよな。彼はフロリダでブッカーもやっていたから、バックステージでも実力者だったんだよ。

このフロリダで活動するにあたり、俺には「ホワイト・ニンジャ」というリングネームが与えられた。日本から来たから、単純に「忍者」だったんだろうな。そこに深い意味はなかったと思う。

ただ、リングネームが変わろうと、試合でやっていた動きは日本での武藤敬司とほとんど変わらないよ。最初はベビーフェースでやっていたけど、ムーンサルトプレスをやるだけで会場は凄く盛り上がったからね。

でも、ベビーフェースでやっていた時期は2～3試合目というポジションで、あまりランクは高くなかった。俺は自分の身体能力や技術には自信があったけど、やっぱり日本人がいくらそれを見せてもアメリカ人の絶対的なベビーフェースがいれば霞んでしまうよ。

そんなホワイト・ニンジャに転機が訪れる。ある日、ベビーフェースのトップだったワフーを裏切ったんだ。

その時、桜田さんはヒールのトップとしてワフーと抗争していて、その試合に同じ日本人のホワイト・ニンジャが乱入してね。最初は桜田さんを殴るふりをして、いきなりワフーをぶん殴ったんだ。

そうしたら、客が物凄くヒートしたよ。俺を目掛けて、いろんなものをリングに投げ込んできたからね。ジャップがどうのこうのって汚い言葉も飛び交うし、日本では味わえない空気が客席に溢れていたよ。

その時に感じたエクスタシーは、凄く新鮮だった。客を手のひらに乗せている優越感というか、高揚感が体の中に押し寄せてきたよ。これはプロレスに限ったことではないかもしれないけど、アメリカは大統領選挙だって、それくらいの熱を持ってのめり込む人たちがいるよな。そんな熱を一身に浴びた感覚があった。

新日本では下積みをして、リングの中のことはしっかりと学んだつもりだよ。でも、アメリカに行くと、プロレスのビジネス論から入るからな。逆に言うと、リングの中のことなんか、みんなそれほど気にしちゃいないんだ。だから、俺が「プロレスって、こういうものなのか！」と気付いたのは間違いなくアメリカに行ってからだよ。

フロリダなんて、小さい州なんだ。タンパを中心に、その州の中を移動しながらプロレスをするんだけど、いくら小さいといっても移動するのは時間がかかるし、大変だったよ。

俺が住んでいたタンパは割と大きな都市で、そこを拠点に日曜日にはオーランドに行く。オーランドは、ディズニーワールドやユニバーサルスタジオのある一大観光都市だよな。そこで試合をして、月曜日と火曜日はタンパ。さらに水曜日には午前中にタンパでテレビマッチの収録があるんだ。

そのテレビ収録の後は、フロリダ半島の南端にあるマイアミまで車で行って試合をする。それから土曜日は、半島の北部の方にあるタラハシーやジャクソンビルまで行くんだよ。

フロリダのテリトリーでは、このルーティンが毎週ずっと繰り返される。しかも、カードだって同じような顔合わせでやるから、工夫して試合をやらないと飽きられてしまう。特にフロリダの地方って、物凄い田舎なんだ。俺の地元の山梨以上に田舎だったからな。その田舎に住む人たちは、まるで俺が子供の頃に楽しみにしていた紙芝居のような感覚でプロレスを待っているんだよ。

日本で試合をしている時も全国を巡業したけど、そんな感覚なんて一切持ち合わせていなかった。俺自身は、リングの中でただプロレスをするだけだったよ。でも、それじゃフロリダの田舎の人たちには通用しないということもわかった。

FLORIDA
HEAVYWEIGHT
WRESTLING
CHAMPION

ストーリーだって、向こうはバッチリ作るからね。俺が本格的にフロリダで活動し始めたのはビザの関係もあって、行った翌年の１９８６年からなんだけど、5月21日のタンパの大会ではケンドール・ウィンダムからフロリダ・ヘビー級のベルトを獲っている。

この時も最後は会場内の照明がすべて消えて、真っ暗になったからね。その暗闇の中で、ニンジャが「何か」をやってウィンダムに勝つんだ。

そこに至るまでの過程も、ちゃんとストーリーを作ったよ。何度も抗争を重ねて、タイトルマッチに辿り着くわけだけど、日本では若手の俺にストーリーなんてなかったし、そんなものが用意されていたのはトップの猪木さんだけだった。

でも、こういう経験は日本に帰ってきた時に非常に活きたよ。後に全日本プロレスで〝応用編のプロレス〟をするようになるんだけど、すんなり適応できたのはアメリカ時代の経験値だよな。例えば試合中に照明を消して暗くなると、日本の客はカメラを持っているし、ストロボを焚いてパシャパシャ撮るから、絵的にカッコいいんだ。

あの海賊男ビリー・ガスパーも最初は暗い中での登場だったしね。何しろ、フロリダで海賊男に最初に襲われたのは俺だからさ。あのキャラクターは猪木さんが日本に持ち帰って、新日本のリングでいろいろやっていたみたいだけど、猪木さんはああいうのが嫌いなわけじゃないんだ。

話を戻すと、アメリカに行って一番驚いたのはギャラのことだよ。ヒールに転向してからは桜田さんとタッグを組んでいたから一緒に行動することが多くて、スティーブ・カーン＆スタ

ン・レーンのファビュラス・ワンズと抗争していたよ。

ただ、ホワイト・ニンジャがシングルで試合をする日もあるんだ。そんな時、桜田さんの試合順よりニンジャの方が後になる。そうすると、ニンジャのギャラが桜田さんよりも高いんだ。当時のアメリカは試合順によって、ギャラのパーセンテージが変わってくるからね。

キャリアで言えば、桜田さんは日本プロレス出身で、俺より13年先輩になるんだ。日本では十何年も先輩のレスラーより高いギャラをもらえるなんて考えられないから、これは衝撃を受けたよ。このアメリカの実力主義は解放感をもたらしてくれたし、俺のやる気も促してくれた。当時はギャラがチェックで支払われて、銀行で現金に換金するんだ。そのチェックをオフィスに取りに行く時が楽しみでしょうがなかったね。

俺がアメリカに渡った頃は、1ドルが210円の時代だよ。でも、1年の間に160円まで下がっちまった。日本に帰ってからもずっとドル預金していたら、下がりっぱなしで結局120円くらいまで下がってしまったよ。それでも、収入は日本にいた頃よりも格段に上だったからな。

俺が他の世代のレスラーよりも若干恵まれていたと思うのは、新弟子として新日本に入った途端に、うるさい先輩方がみんないなくなった。たぶん、それまではトレーニングなんかも基礎体力の練習とガチンコのスパーリングばっかりだったと思うよ。試合でも派手な技なんかやろうものなら、すぐに怒られていたよね。

でも、先輩たちがごっそりいなくなったから、俺の1年先輩で当時は素顔だった獣神サンダー・ライガーが先頭に立って派手な技をやり出したんだ。ライガーは体が小さかったし、とにかく派手な技で魅せなきゃ生き残れないとでも思ったんだろうね。

その後、他の若い連中もいろんなことをやり始めた。しかも、現場を仕切っていた坂口さんも特に口うるさく言わなかったから、やりたい放題だったよ。

俺なんかはアメリカに行く前から結構、外国人選手とも試合をやらされていたからな。そういったことがアメリカでもすんなりプロレスに溶け込めた要因だと思う。

ただ、なんだかんだ言って、俺は若いうちからプロレス頭をきっと持っていたんだよ。自画自賛になっちまうけど、それは凄く感じる。プラス、押さえつける先輩がいなかった。だから、ムーンサルトプレスみたいな技だって生まれたんだよ。

そんな感じだったから、フロリダに入って向こうのトップレスラーに触れてみても驚くようなことは何もなかったな。例えば、リック・フレアーというスーパースターがフロリダに来ても、「こいつは俺より何が優れてるんだろう?」と常に自分と比較していたよ。

その頃、フロリダにいたバリー・ウィンダムにしても、「デカイし、ルックスも二枚目だし、プロレスも巧い。でも、日本的なプロレスじゃないな」と思ったりしてね。確かに彼はカッコ良くて憧れはしたけど、自分との比較は忘れなかった。

まだルーキーだったレックス・ルガーなんて、「何でマツダさんは、こんなのを贔屓するのかな?」と思ったしね。彼はデビューした時からトップ扱いだった。動きもロボットみたいでしょっぱかったし、なぜプッシュされるのか理解に苦しんだよ。

プッシュされたひとつの理由として、彼はマツダさんのボーイだったからというのがある。ルガーやロッキー・イヤウケア、ロン・シモンズと一緒に、俺もマツダさんの道場で他のレスラーの指導をしたこともあるよ。ルガーにはウェイトトレーニングの仕方を教わったこともあったな。とにかく、あいつは体だけは凄かったからね。

それにルガーはアメリカ人が理想とする顔立ちをしているんだ。それは後で聞いて理解できたけど、彼がプッシュされた理由はこれが一番大きいよ。だから、後にＷＣＷやＷＷＦに行ってもトップとして扱われたんだろうな。

ルガーは、フロリダ時代はよく一緒にドライブをした仲なんだ。彼の当時の奥さんは、日系アメリカ人でね。奥さんは日本語は全然話せなかったけど、京都をルーツに持つ女性だったよ。ただ、おそらくすぐに離婚したんだ。その後、ルガーはランディ・サベージの奥さんだったエリザベスといい仲になったよね。

エリザベスとはｎＷｏ時代にＷＣＷで一緒になったけど、綺麗な人だった。ただ、ルガーからＤＶを受けていたという報道もあったし、最後は不審な死を遂げたようで残念だよ。

ルガーとは、２０１９年にアメリカへ行った時に再会してね。すっかり見た目が変わってしまっていた。半身不随になって、車イスで生活していたからね。ある時、飛行機の中で後ろに置いてあった荷物を取ろうとしたら、そうなってしまったらしいよ。

そのルガーもそうだけど、当時のアメリカは今と試合の中身も違っていて、デカイ体をした奴らが大味な試合ばかりしていたんだ。俺みたいにムーンサルトプレスのような技をやる選手もいないし、今みたいなメキシコ風のプロレスをする選手だっていなかった。大味なレスリングをするマッチョな奴らがのさばっていたよ。

かといって、やっぱりリングに上がっているレスラーは一部の例外を除いて、一流ばかりだったから試合はやりやすかった。そもそも仕事のできる人間しか生き残れない世界だし、そうじゃない奴に、いい役回りは回ってこないよ。

それこそ、この時代はWWFが全米侵攻をしていた時期だから、たくさんのテリトリーが潰れていった。つまり、アメリカでレスラーの働く場所が少なくなっていたんだよ。そうなると、本当に仕事のできるレスラーしか生き残れないってことだよな。桜田さんなんかも仕事ぶりが評価されてテリトリーを渡り歩いていたレスラーの一人だったんだろうし、当時のフロリダにはそんな仕事人が集まっていたんだ。

フロリダではボブ・ループという選手がいて、彼もブッカーだった時期がある。アマレスの猛者だったみたいで、喧嘩が強いと評判のレスラーだったよ。それからケビン・サリバンやマーク・ルーイン、エディ・グラハムの息子のマイク・グラハムもいたな。

マーク・ルーインなんか、あんなのただの獣だよ。体はデカイし、腕も太い。試合の時は、「ウッウッ!」と狂ったように唸っているだけなんだ。

ただ、ルーインやサリバン、それからループといった人たちは当時いわゆる怪奇派のギミックをやっていてね。この人たちに触れたことが脳裏に残っていて、後にグレート・ムタのヒントになった部分はあったかもしれないよ。そういう意味では、彼らとの触れ合いは俺にとって、いい財産になったんだろうね。

このフロリダ時代は、サー・オリバー・フンパーディンクという人がホワイト・ニンジャのマネージャーをしていた。アメリカではとても有名で、後にグレート・ムタのマネージャーになるゲーリー・ハートよりも上だと思う。オリバーは俺と桜田さんにあてがわれたんだけど、その前にはビリー・グラハムやアーニー・ラッド、ザ・ファンクスといったビッグネームのマネージャーをしていたそうだから本当にランクが上の人だよ。

オリバーは、フロリダ半島の先端から何百キロと離れた島に住んでいてね。キーウェストというところで、半島と橋で繋がっているリゾート地だよ。そこで試合をしたこともある。まあ、オリバーはそういう場所に住めるくらいのステータスがある人だったということだな。ブクブク太っていて不気味な容姿だったけど、いいオッサンだったよ。

そんなメンバーに囲まれて、この時代にアメリカのプロレスを体験できたことは俺にとって大きいよ。日本で経験できないようなこともたくさんあった。当時のアメリカって、その辺の素人みたいな奴が平気でリングに上がってくるような世界だったからね。

トップクラスの一流選手とは別に、どのテリトリーも「噛ませ犬」みたいな選手が必ずいるんだよ。たぶん、普段は他の仕事をしていて、専業のプロレスラーじゃないよな。それでもリングに上がっているから、本当にプロレスが好きなんだろう。

特にテレビマッチはプロモーション用だから、やられ役として、そういう噛ませ犬みたいな選手を相手にあてがわれることが多いんだ。こいつらは、基本的に何もできないからね。こういうレスラーたちを相手にしてきたことも、俺のプロレスのひとつの基礎になっているよ。

プロレスというものは、相手の技を受けなきゃいけない場面がある。でも、そういう噛ませ犬みたいな選手とテレビマッチでやる時は、俺は相手に依存するような技はひとつもやらない。彼らが相手だと、技術的な部分でまったく信用できないからね。

そういう試合では、相手に反撃する隙すら与えないよ。第一、素人同然だから、いろいろやると相手にとっても危ないんだ。

テレビ収録の場合は、基本的にプッシュされている選手の強いところだけを見せるという試合になるから、本当に弱い者イジメをしているような感じになっていたよな。まあ、こういう連中にもランクがあって、上の奴らの中には一緒に俺たちとサーキットを回るレスラーもいたけどね。

フロリダでの修行は坂口さんから半年程度と言われていたけど、俺としては最初から短期間では帰りたくなかった。半年じゃ、アメリカで何も実績を積んだことにならないからな。だから、坂口さんに「もう少しアメリカにいさせてほしい」と手紙を送ったんだ。当時は携帯電話なんてないからさ。坂口さんの許可が出て、結局フロリダには1年ほどいたよ。

1986年9月1日には、デイトナビーチの大会でティム・ホーナーというレスラーからUSジュニアヘビー級というタイトルも獲っている。この日はNWA世界王者のリック・フレアーやAWA世界王者のニック・ボックウィンクル、ロード・ウォリアーズも出場したビッグマッチだったよ。

この時期は全米で興行戦争を仕掛けていたＷＷＦへの対抗策として、ＮＷＡとＡＷＡが提携していたんだ。聞いた話によると、その提携関係がこの日をもって終了したという歴史的な意味合いのある大会みたいだね。そんな時代が変わる現場に、ホワイト・ニンジャもいたということだよな。俺が日本に帰ってきたのは、その翌月のことだったよ。

１９８６年10月にアメリカから帰国して「スペース・ローン・ウルフ」なんてキャッチフレーズを付けられたけど、俺は１９８８年１月にまた海外に出ることになる。今度の行き先は、プエルトリコだった。

俺がプエルトリコに行ったのは、フロリダで一緒にやっていた桜田さんから呼ばれたからだよ。日本ではまた面倒くさいプロレスをやらされていたし、息苦しさも感じていたから、ちょうどいいタイミングで呼んでくれたな。プエルトリコは治安が悪いと言われていたけど、俺もまだ若かったし、新日本にいるよりはマシだよ。

プエルトリコはカリブ海に浮かんでいる島で、アメリカの自治領なんだ。テリトリーとしては小さいよ。でも、オフィスとかシステムは意外としっかりしていた。ここを仕切っていたのはレスラー兼プロモーターのカルロス・コロンという人で、プエルトリコでは猪木さんのような存在だよ。

コロンが主宰していたＷＷＣ（ワールド・レスリング・カウンシル）という団体は、テレビ収録用の自前のスタジオも持っていたし、ビッグショーをスタジアムクラスでやっていたから羽振りが良かったね。

CAPITOL
SPORTS

俺もプロモーション映像の撮影をやったよ。今もYouTubeでその映像が見られるけど、日本語で「俺は非常に強いぜ！　空手五段、柔道四段だ！」なんて適当なことを叫んでね。

プエルトリコは、驚くほど高い金額をもらえるわけじゃないけど、ギャラを安定してもらえたし、移動だって拠点にしていたサンファンから、どんなに遠くても3時間くらいだからさ。ビーチもあって、日光浴ばかりしていた記憶がある。食事もアメリカよりは、日本人の俺には合っていた。イエローライスをよく食べたよ。だから、一言で言えば、ハッピーライフを満喫できたのがこのプエルトリコ時代だったね。

ここはプロレス自体もアメリカ本土より、もっと緻密にやっていたという印象が強い。日本と同じようにアスリート的なプロレスが受けていたし、荒っぽいのも特徴だった。

若い選手では後に新日本でグレート・ムタとタッグを組むTNTやミゲリート・ペレス（ミゲル・ペレス・ジュニア）というレスラーが人気で、彼らも荒っぽいレスリングをしていたよ。ジャパニーズスタイルみたいにガンガン行くし、同じ島国だからなのか日本とレスリングが似ていたな。

ここで俺は「スーパー・ブラック・ニンジャ」というリングネームを与えられて、ペイントもすることになった。それにフロリダの時とは違って、最初からヒールとしてニンジャスタイルを求められたよ。

ペイントをしろと言ってきたのは、この団体のナンバー2的な存在だったホセ・ゴンザレスというレスラーで、彼はブッカーもやっていたんだ。ホセの名前はブルーザー・ブロディを刺殺した人間として、プロレスファンの間では有名だよな。彼に「お前は童顔だから、ペイントしてこい」と言われたんだよ。

最初はペイントすることに抵抗があった。そりゃそうだよ、面倒くさいからな。だけど、言われたことに従わないと仕事がなくなるからね。しょうがないから、その頃はインディアンがするような簡単なペイントで済ませていたよ。

このプエルトリコには、ミスター・ポーゴさんも来ていた。俺が入門した時にはもういなかったけど、一応、新日本プロレスの先輩なんだよな。

これがまた桜田さんと仲が悪いんだ。犬猿の仲というのは、この2人のためにある言葉だと思うくらい仲が悪かった。プエルトリコで、俺は2人よりもポジション的に上だったんだよ。そのせいもあってか、桜田さんとポーゴさんは仲が悪いにもかかわらずタッグを組まされていたんだ。

面白いのが当時のポーゴさんの彼女と桜田さんの彼女が姉妹なんだよ。俺はプエルトリコでも桜田さんと一緒に暮らしていたけど、その家に彼女のお母さんが怒鳴り込んできたこともあったからね。何が理由だったのか知らないけどさ。

次の日、スタジオでテレビ収録があったんだ。その時に、桜田さんとポーゴさんが控室で殴り合っているんだよ。俺は別の部屋にいたんだけど、マイクを通して「この野郎！」なんて怒鳴り声が聞こえてきてね。しょうがないから、俺が止めに行ったよ。

桜田さんってプロレス界で喧嘩が一番強いなんて噂もあったようだけど、とにかく気性が荒かったのは事実だね。俺には優しかったけどさ。この時も、ポーゴさんを一歩間違えたら殺すんじゃないかというくらいボコボコにしていた。あまりにも殴られたんでポーゴさんがウンコを漏らしたなんて噂もあるらしいけど、俺は真偽のほどはわからない。

誤解のないように言っておくと、桜田さんって普段は優しい人なんだ。ただ、気性が荒いから、すぐに喧嘩になってしまう。フロリダにいた時も、ドレッシングルームでキューバン・アサシンというレスラーと喧嘩になったからね。

揉めた理由は憶えていないけど、ひどい取っ組み合いになる前に俺たちで止めたんだ。もしかしたら、女の取り合いだったのかもしれない。

というのも、桜田さんって女が好きで好きでしょうがない人だったからさ。しかも、意外とモテるから凄いよ。フロリダでもプエルトリコでも外国人の彼女を作っていたしね。

アメリカは広いから、様々な価値観を持った人がいるんだよ。異性の好みも十人十色なんだろうな。日本人みたいに固定観念がないし、美的な価値観が統一されていないよ。だから、桜田さんみたいなゲテモノ系の人でもモテるんだ。

俺自身のことを言えば、プエルトリコに行く前に、すでに膝の手術をしていた。でも、俺の中ではこの時期に自分のプロレスの形が出来上がりつつあったかなと思う。どこで完成したかはわからないけど、キャリアの途中から膝が痛くなり始めて、ハッキリ言ってしまえば、その後のプロレス人生は妥協ということになる。

ただ、プエルトリコでは相当インパクトを与えられたと思うよ。俺がプランチャをするだけ

で、向こうの客は驚いていたからね。当然、ムーンサルトプレスだって俺の専売特許だったし、ヘビー級でそんなことをする奴は他にいなかったんだろうな。ヒールだったけど、ムーンサルトをやれば会場は盛り上がったよ。

俺はプエルトリコでインベーダー1号ことホセ・ゴンザレスからWWC・TV王座、ミゲリート・ペレスからはWWCプエルトリカン王座を獲って、中堅クラスで終わったフロリダとは違い、扱いはヒールのトップだった。

ホセはカルロス・コロンと並ぶベビーフェースのトップで、彼に可愛がってもらえたのがプエルトリコで成功できた要因だと思う。それくらい俺はブッカーから信頼を勝ち取っていたということだよ。

ホセとは大きなスタジアムでTシャツとジーンズ姿のままストリートファイトマッチをやったこともあるし、ケージマッチもやった。そういうのも、いい経験になったよ。俺は海外でFMWより先に、そういう試合をやっていたんだ。

もう一人のトップだったコロンとは、リング上で交わることはなかったな。このコロンとホセ、そしてビクター・ジョビカという人がオフィスを仕切っていて、その下には日本でもお馴染みのビクター・キニョネスがいた。さらにその下にいつも1～2試合目で試合をしていたオッサンがいて、彼がマッチメークなんかを考えていたよ。そいつの名前は忘れてしまったけど、彼らがWWCの幹部ってことになるな。

コロンの息子たちもレスラーとして後にWWEで活躍していたし、ミゲリート・ペレスとかプエルトリコは二世レスラーも多かった。だから、プロレスがファミリービジネスとして成り立っていたテリトリーだよ。

それにプエルトリコには、アメリカ本土からもビッグネームのレスラーがたくさん来ていた。ブルーザー・ブロディはもちろん、アブドーラ・ザ・ブッチャーなんかもよく来たよ。

俺が若手の頃、ブッチャーは新日本に来ていたから、彼とはかなり古い付き合いになる。その頃に年齢を聞いたことがあるんだ。そうしたら、「63歳だ」と言っていたんだよ。でも、プエルトリコで会った時にも年齢を聞いたら、やっぱり「63歳だ」と答えるんだ。その後、アメリカのどこかで会った時にも同じ質問をしたら、また「63歳」と言っていたよ。

ブッチャーは俺が社長だった時期の全日本プロレスにも来てくれたし、本当に付き合いが長いんだ。俺は2019年に日本で行われたブッチャーの引退セレモニーにも出席しているしね。ブッチャーは大きな相撲取り用の車イスに乗っていたけど、俺が労おうとした時だけ立ち上がってくれたよ。

ブッチャーの他にはミル・マスカラスやロード・ウォリアーズ、トニー・アトラス、ダニー・スパイビーなんかもプエルトリコに来ていた。それから、ザ・ロックことドウェイン・ジョンソンの父親のロッキー・ジョンソンも来たよ。俺はプエルトリコで親父さんと試合をしているからね。

あそこは中途半端にアメリカ領だからWWFの映像も流れていたりするんだけど、そういう本土のビッグネームを呼べるくらい当時はテリトリーとして栄えていたんだよ。

あとはミゼットレスラーなんかもいたしね。俺は彼らと試合をしたことはないけど、ミゼットの試合はパッケージで出来上がっているから面白かった。

その中に特異体質の奴が一人いてね。そいつの爪先は、普通の人では曲がらない方向に曲がるんだよ。だから、普通にトーホールドで極めても痛がらないのに、逆側に捻ると「イテテテ！」と痛がるんだ。これが見ていて、凄く面白かった。

後にＷＲＥＳＴＬＥ−１をやっていた時に、パンニャンというミゼットレスラーが来てね。あいつはアル中で、あまりにも飲んだくれているもんだから、アルコール禁止にしたんだよ。試合に差し支えるからさ。ところが、あいつは薬箱に入っているエタノールを飲みやがったんだ。そこまでしてアルコールが欲しいのかと驚いたけど、あいつは変わった奴だったな。

日本でも昔は女子プロレスのリングでミゼットの人たちが活躍していた。今は差別だなんだと言う人たちがいるから、すっかり姿を見なくなってしまったよ。

でも、彼らは人を喜ばせるということに誇りを持っていたよね。プエルトリコでミゼットのレスラーを見ていると、やっぱりプロレスって人を喜ばせることが原点なんだと実感したよ。

プエルトリコから一度日本に戻ったのは、１９８８年7月29日の有明コロシアム大会だった。その少し前、7月2日に同期の蝶野正洋と橋本真也がプエルトリコに来て、〝闘魂三銃士〟を結成したんだけど、この一時帰国はそのお披露目ということでね。

この時、俺は丸坊主だったよな。実は帰国する前に、向こうでミゲリート・ペレスと敗者髪切りマッチをやったんだ。その試合で負けて髪の毛を切られたから、俺は坊主頭だったんだよ。

髪切りマッチはギャラがいいんだ。俺がやった時も、ボーナスみたいな感じでそこそこの金額をもらったよ。

帰国前の7月16日には、例のブルーザー・ブロディ刺殺事件もあった。俺が知る限り、ホセ・ゴンザレスはジェントルマンだったから、事件の真相を知った時は驚いたよ。

あの時はブロディがプエルトリコに来る前に、ホセの小さな娘さんがプールで溺れて亡くなるという痛ましい事故があったんだ。だから、彼は凄く精神的に落ち込んでいたし、ああいう事件が起きたのも、もしかしたらその影響があったのかもしれない。本人に聞いていないから、断言はできないけどね。

プエルトリコでブロディはベビーフェース、俺や桜田さんはヒールだったからドレッシングルームは別だった。だから、一報を聞いた時は詳細がわからなかったんだ。俺自身は、ブロディがファンに刺されたと思っていたんだよ。やっぱり、プエルトリコってそれなりに物騒だったからね。リングと客席は結構離れていたし、必ずリングサイドにはセキュリティーも付いていたからさ。

俺がホセに刺されたと知ったのは、翌日だった。その頃、WWCは大きなスタジアムで4〜5連戦のビッグショーを組んでいたんだよ。ブロディが刺されたのは、その初日だったんだ。

ホセが刺したなんて知らないから、翌日もレスラーたちはみんな普通に会場入りしたんだよ。その後、ホセがブロディを刺したという事実を知って、アメリカから来た連中はみんな怒り出してね。結局、試合をボイコットしようという話になったんだ。でも、俺と桜田さんは「やればいいのに」と話していたよ。すでに客も入っていて、満員だったからさ。それにせっかく金を稼ぎに来たのに、ボイコットしたら1円にもならないしな。

でも、アメリカから出稼ぎに来ていた連中は、プエルトリコに残るか残らないかでガヤガヤしていた。俺や桜田さんは「関係ねえな」という感じだったし、ポーゴさんみたいに残る人もいたしね。

ただ、やっぱりアメリカのレスラーたちに同調せざるを得ない部分はあったかな。それにビジネスも落ちるだろうと思ったから、結局はプエルトリコから撤退するという選択をしたんだ。その後、俺は桜田さんと一緒にアメリカ本土へ渡って、テキサス州ダラスのテリトリーに入った。どうしてテキサスだったかというと、そこに桜田さんの自宅があったんだ。桜田さんから「とりあえず俺の家に住め」と言われて、そうすることにしたんだよ。

あの時、実はオレゴンのテリトリーに行くなんて選択肢もあってね。でも、ビジネスが落ちているという話も聞いていたから、俺も桜田さんと一緒にテキサスに行くことにした。日本に帰るなんてことは、まったく頭になかったな。

ダラスは〝鉄の爪〟と呼ばれたフリッツ・フォン・エリックが仕切っていたテリトリーで、WCCW（ワールド・クラス・チャンピオンシップ・レスリング）という団体を運営していた。フリッツは、俺を「スーパー・ブラック・ニンジャ」として快く迎え入れてくれたよ。プエルトリコと違う点は、ダラスではペイントをせずに髭面でリングに上がっていたことかな。

テキサスは広いから、とにかく移動が大変だった。ダラスからコーパスクリスティという土地までドライブしたことがあるけど、東京から九州くらいまで距離があるんじゃないかというほど離れていたからね。朝にダラスを出て、夜に着いて試合をする。試合が終わったら、また車を夜通し走らせて、ダラスに戻ったら翌朝だよ。

せっかく何時間もかけて会場に行ったのに、客が入らなくて試合がキャンセルになったこともあったな。それでもギャラを25ドルくらいはもらえたけど、ガソリン代にもならない金額だよ。ギャラの面は、ダラスよりもプエルトリコの方がしっかりしていた。俺が行った時のダラスのテリトリーは、もう崩壊寸前だったんだ。

ダラスでのニンジャは、昔フリッツ・フォン・エリックが来日した時に俺の親父を〝鉄の爪〟で倒し、それを子供の頃に見ていた俺が悔しくてリベンジに来たというキャラクターだった。だから、俺の最初の頃のフィニッシュホールドもアイアンクローだったよ。

ただ、フリッツの〝鉄の爪〟には敵わないよな。やっぱり歴史と伝統のある必殺技だから、それをエリック一族以外の人間がやっても説得力がないよ。あいつらの手は、縦にも長かったしね。だから、俺は毒霧を手のひらにチョロリと垂らしてアイアンクローを使っていたこともある。毒霧を使い出したのは、この頃からだな。

毒霧は桜田さんに教わったんだ。桜田さん自身も、よく使っていたからね。だから、俺の毒霧はケンドー・ナガサキ直伝ということになる。

ただ、桜田さん自身はダラスであまり使ってもらえなかった。よく俺のセコンドに剣道着姿で付いていたけど、桜田さんから車を借りて俺一人で会場に行くこともあったよ。

俺はフリッツの息子のケビン・フォン・エリックなんかとも試合をしているけど、あいつがこの時期のダラスのトップだった。日本人で、このポジションで試合をやれた人間はなかなかいなかったと思うよ。

ケビンとは最初に凱旋帰国した時に新日本のリングでタッグを組んだこともあるけど、このダラス地区にいた後も3年に1回くらいの割合で顔を合わせる機会があってね。非常に人懐っこい奴だよ。どこかの会場で会うたびに、ベタッと寄ってくるんだ。彼の息子たちがプロレスリング・ノアと絡んだことがあって、その頃には日本でも会ったな。今はハワイに住んでいるらしく、連絡先のメールアドレスをもらったけど、なくしてしまったよ。

彼の弟のケリー・フォン・エリックは、バイク事故が原因で右足首を切断していたよな。義足を付けて試合をしていたけど、家からコスチュームを着て、リングシューズも履いた状態で会場に来るんだ。しかも試合が終わると、その格好のままシャワーを浴びていた。

おそらく義足を外しているところを見られたくなかったのかもしれない。彼は1993年に拳銃自殺してしまったけど、いいレスラーだったから凄くもったいなかったなと思うよ。

フリッツの息子で今も健在なのは結局、ケビンだけなんだよな。みんなドラッグ絡みで自殺したり、早死にしてしまった。彼らがドラッグをやっているのが有名だったからなのかはわからないけど、ダラス空港のイミグレーションがやたらと厳しかった記憶がある。

ただ、なんだかんだ言っても、エリック兄弟はダラスのトップだったし、彼らと試合ができるポジションを獲得できたのは俺の誇りでもあるよ。しかも、彼らに俺がアイアンクローで対抗していくわけだからさ。当時の新日本に置き換えれば、外国人レスラーが猪木さんに対して延髄切りとか卍固めで向かっていくのと同じだよ。そう考えると、特別なポジションに置かれていたよな。

それに俺のプロレスは相手の立場に立っても、やりやすかったはずだよ。そこは確信している。ちゃんとベビーフェースを引き立てていたし、そこのところは当時の日本人レスラーとは違ったと思う。だって、他の人たちは自分のことしか考えていないからね。この時代の日本人レスラーは、特にそうだったよ。

それは日本に帰ってからも同じで、自分のやりたいことだけをやる。プロレスの〝間《ま》〟がないんだよな。

特にＵＷＦ勢が新日本に参戦していた時期は、彼らに合わせると、そういうプロレスになってしまう。しかも、日本ではプロレスについてちゃんと教えてくれるような先輩はいないから、みんな真似をするよね。だから、一様に間がないプロレスになってしまうんだ。あの時代の若手なんて、何もない野原に放り出されるようなもんだったからさ。

だから、プロレスってやっぱり信用なんだよ。そういう意味では、俺は信用される仕事をしていたんだと思う。エリック・ファミリーの必殺技であるアイアンクローを使えたのも信用があったからこそだという自負はあるよ。

ところで、ダラスというテリトリーは後に俺のパパになるザ・グレート・カブキさんが誕生した土地でもあるよな。

ちなみに、このダラス時代の俺の「キャラクター上の親父」はカブキさんではなく、架空の存在だった。ただ、カブキさんはフロリダに定着していたこともあるというし、同じ道を歩いてきているようで、そういう部分でも縁を感じるところはあるよ。

ダラスでは、スカンドル・アクバというアラブ系アメリカ人が俺のマネージャーに付いてね。彼もブッカーだったんだけど、ただの汚いジジイだよ。ツアーに出る時は、いつもアクバとレフェリーと一緒だった。俺は英語が喋れないから退屈だったな。

でも、アクバには凄く可愛がってもらったんだ。スーパー・ブラック・ニンジャのキャラクターを考えたのも彼だしね。それにマネージャーとしては、アメリカでトップクラスの人だったからさ。そんなアクバが自らマネージャーに付いてくれたということは、俺は買われていたんだろうね。

ダラスにはコットン・ボウルというアメリカンフットボールの会場があって、そこで俺は1vs4のハンディキャップマッチをやらされたことがある。なぜかというと、カブキさんが昔1vs3のハンディキャップマッチをやったからということでね。俺は人数を増やされて、4人の相手をさせられたんだよ。

4人相手になると、もう「もぐら叩き」だな。倒しても倒しても、相手は休んでから起き上がってくる。俺の方はノンストップでやっているから、さすがに息が切れたよ。

そういえば、この1vs4のハンディキャップマッチをやったショーには、日本から女子プロレスラーの長与千種も参戦していた。1日だけ来た形だったから、何の交流もなかったけどね。

そんな感じでダラス時代の俺はプッシュされていたんだけど、団体の方は崩壊間際でボロボロだった。すでにこの頃はテネシー州のメンフィスをテリトリーにしていたジェリー・ジャレットやジェリー・ローラーたちと業務提携していて、彼らに主導権を握られていたんだよ。団体を乗っ取られたと言ってもいい状態だったね。

だから、このダラスではメンフィスにいた連中とも仕事をしたし、後にWWFに行ってオーバーしたカクタス・ジャック（ミック・フォーリー）なんかとも、よくドライブしたよ。でも、俺は試合数が少なくなり始めていて、そんな時にWCWから声がかかったんだ。

WCWは、元々アトランタ州のジョージアを拠点にしていたジョージア・チャンピオンシップ・レスリングというローカルプロモーションが出発点になっているらしい。それがいろいろあって、1988年に〝メディア王〟と呼ばれていたテッド・ターナーのテレビ会社TBSに買収され、WCWという団体になったんだ。

だから、試合も全国ネットのTBSで放送されていた。これまでのフロリダ地区やダラス地区のようなローカルのテリトリーではなく、日本的に言えばメジャー団体だよ。

WCWが誕生したことは、プロレス業界においてインパクトが大きかったと思う。何しろテレビ局がプロレス団体を抱えたわけだし、資金は当時のWWFよりも断然持っているわけだ。惜しむらくは、トップの連中がみんなで食い物にしてしまったことだね。

結局、十数年でWWFに買収されてしまったけど、最終的に勝者となったビンス・マクマホンは、やっぱりプロレス畑で育った人間だからな。いろいろ試行錯誤しても、ビンスは〝プロレス道〟というものから外れなかった。そこがＷＷＦを世界一の団体にできた要因だと俺は思うよ。

いきなり話は逸れたけど、俺にＷＣＷからオファーが来たのは１９８８年の年末頃だった。ＷＣＷでブッカーをやっていたジョージ・スコットという人がヒロ・マツダさんと知り合いだったみたいでね。そのスコットが俺の試合のビデオを見て、「こいつが欲しい！」とマツダさんに連絡したらしいよ。

俺はジョージ・スコットの経歴をよく知らないんだけど、かつてはブッカーとしてノースカロライナのテリトリーを盛り上げた人で、彼がリック・フレアーやリッキー・スティムボートをスターにしたらしい。ＷＣＷの前にはＷＷＦでブッカーをやっていたみたいで、そのお眼鏡に俺も適ったというわけだ。

この時期、ちょうどマツダさんはＷＣＷでフレアーたちがやっていたユニット『フォー・ホースメン』のマネージャーをしていてね。彼らをマネージメントするヤマザキ・コーポレーションのエージェントというキャラクターだった。

そのマツダさんが謎の東洋人をゲーリー・ハートにプレゼントしたんだけど、それが何を隠そうグレート・ムタだよ。

ゲーリーはマネージャーとしてダラスでザ・グレート・カブキを生み出した人だし、桜田さんとか他の日本人レスラーも世話になっているんだよな。

ゲーリーとの出会いは、俺にとって幸運だった。性格がメチャクチャ悪いから、付き合うのは大変だったけどね。金には汚いし、ドラッグもやっていた。さらに喧嘩っ早くて、財布にはいつもナイフを入れていた物騒な男だよ。

でも、日本で言うところの不良とはちょっと違うんだ。日本の不良は見かけから入るから、わかりやすい。ヤクザにしても、見た目でわかるよな。

でも、アメリカの不良って、イタリアのマフィアと同じで容姿は一般人と同じなんだよ。すぐに喧嘩をふっかける理由も、俺にはよくわからなかった。ホーク・ウォリアーにしてもそうだけど、白人にこの手の人間は多かったよ。タフガイぶりたかったのかもしれないけど、俺はいつも止めに入る役目だった。

当時のアメリカは、人種差別のひどい時代でね。フロリダには黒人しかいない街なんていうのもあった。あそこは南米からの移民のコミュニティーみたいなのもあったし、治安は悪かったよ。

当時、マイアミは英語よりもスパニッシュを喋る人間の方が多かったくらいでさ。そういう人たちがタンパにも入って来たりしていたから、治安はドンドン悪化していたよ。ちなみに今は良くなって、ダウンタウンの危険地帯も普通の若者が集まるような場所に変わっているけどね。

ゲーリーやホークは、そういう物騒な場所に平気で行っていたよ。俺も連れて行かれたけど、黒人しかいないバーに乗り込んだりしてね。そうすると、白人のゲーリーやホークに視線が集まるんだ。それでも彼らは平然と酒を飲んでいたからね。また、そういう場所でドラッグとかを手に入れたりするんだよ。

何しろ、アメリカは護身用に銃を持っている人もいるからね。俺は持っていなかったけど、桜田さんは持っていたな。

ただ、銃を撃った経験はあるんだ。フロリダ時代に桜田さんと試合帰りにドライブをしていたら、近くにバリー・ウィンダムたちの車が寄ってきて、クラクションを鳴らしてきてさ。そこはアリゲーターが出てくるような道なんだけど、とりあえず車を止めたら、ウィンダムたちが降りてきて、「お前、撃ってみるか?」と言ってきたんだ。

それも拳銃じゃなくて、ショットガンだよ。俺も好奇心旺盛だったから標識に向かって撃ってみたけど、凄い衝撃で肩が外れるかと思った。標識を見たら、10個くらい穴が空いていたよ。まあ、それなりに興奮したな。

銃と言えば、橋本真也だよ。ブラッド・レイガンズがいるミネソタ州のミネアポリスって、拳銃が盛んな街なんだ。元プロレスラーのジェシー・ベンチュラが州知事になったことで有名だけど、彼の選挙の公約のひとつは拳銃の合法化だったらしいしね。

それだけ銃が盛んな街だから、橋本もレイガンズのところに行った時、撃たせてもらったらしいんだけど、凄く上手だったという話だよ。

また話が逸れたけど、とにかくゲーリー・ハートはとんでもない男だった。でも、プロレスのセンスは抜群なんだ。試合の時にマネージャーとしてセコンドに付いていても、リングサイドでギャーギャー騒ぐタイプじゃない。不気味に立っているだけなんだよ。それでいて、たまにコソコソと何かムタに言ってきたりとか、自分が必要以上に目立たずに試合を盛り上げられる男なんだ。

ゲーリーが付いてくれて幸運だと思ったのは、それによってマツダさんと離れたことだろうね。別にマツダさんが嫌だということじゃないんだ。ただ、レスラー仲間の間では「何でマツダが俺らのマネージャーをしなきゃいけねえんだ?」という雰囲気があったからね。

マツダさんはアメリカ人じゃないから英語も拙いし、キャラクター的にもあまり評判のいい感じではなかった。マツダさんにしても、俺に付くよりはフレアーみたいなスターに付いている方が商売になると思ったんだろうな。でも、案の定、その辺を突っつかれて、いつの間にかWCWを辞めていたよ。

WCWも始まったばかりで、体制はまだ脆弱だったな。ピザハットから来たジム・ハードという人が副社長になったんだけど、この人が俺をスカウトしたジョージ・スコットをクビにしたんだ。そのスコットと仲の良かったマツダさんも一緒に辞めさせられたというわけだよ。だから、もしマツダさんと一緒にやっていたら、俺も飛ばされていたかもしれない。後にマツダさん本人から「お前にくっ付いていれば良かったよ」なんて言われたけど、アメリカのプロレス界ってそういうことが多々あるからね。

そういう意味では、ゲーリーが俺に対して一生懸命にやってくれたのは、自分が上がるためという理由もあるんだ。自分が付いているレスラーが上がれば、自分の評価も必然的に上がるからね。

俺にゲーリーを付けたのは、たぶんスコットの判断だと思う。グレート・ムタがカブキさんの息子というキャラクターになったのは、ザ・グレート・カブキの生みの親であるゲーリーがマネージャーになったからだよ。

だから、もしスコットがゲーリーを俺に付けていなかったら、グレート・ムタは誕生していない。まあ、どんなキャラクターを与えられても、俺はWCWで上がっていく自信はあったけどね。

ムタのデビュー戦は、トライアウト的にやらされたテレビマッチだった。1989年3月18日にオンエアされた試合で、相手はクーガー・ジェイという奴でね。

当時の映像を見直すと、「伊賀」と書かれた忍者風のコスチュームを着て頭巾を被っているから、コスチュームはプエルトリコやダラスでやっていたスーパー・ブラック・ニンジャと基本的には変わってない。

大きく変わったのは、顔のペイントだよな。ダラス時代はやっていなかったけど、ムタになってからまたペイントをするようになったんだ。これも上から言われたからなんだけどね。でも、スーパー・ブラック・ニンジャ時代と違って、全面に塗りたくるようになった。クーガー・ジェイとのデビュー戦では水色のペイントでね。見た目は病人かゾンビみたいで、あの不気味な雰囲気は良かったと思うよ。

1分半くらいの短い試合だったけど、プランチャもやったし、まだ膝も壊れきっていなかったから動き自体はいい感じだった。スタジオで観覧していた客の反応も良くて、スタートとしては上々の滑り出しだったんじゃないかな。

ただ、リングネームは本来なら「グレート・ムトウ」なんだよ。でも、WCWのアナウンサーが「ムトウ」と発音できなかったんだ。テレビの字幕も初めの頃は「MOTA」だったり、「MUTA」になったり表記がマチマチだったけど、統一してくれってことで最終的に「ムタ」になった。そういえば、タレントのモト冬樹さんも本名の名字「武東（ムトウ）」に由来して、芸名が「モト」になったと聞いたことがあるよ。

それとカブキさんは時代的に日本人に対して「東洋の神秘」というミステリアスなイメージが薄まりつつあったから、シンガポール人というキャラクターだったらしい。でも、ムタは息子なんだけど、日本人というキャラクターだった。テレビ中継でも「フロム・トーキョー・ジャパン」と紹介されていたからさ。まあ、俺自身は山梨出身なんだけどね。

さっきも書いたように、俺としてはWCWでやっていく自信は大いにあった。なぜなら、これまで行ったテリトリーで、大体ベルトを獲っていたからね。ダラスみたいに途中で体制が変わったところは別だけど、ベルトを巻くということはレスラーとして信用されている証だからな。俺には、その信用があったんだよ。

海外で獲得したベルトの数は、日本人レスラーでは俺が一番多いと思う。確かどこかのスポーツ紙に掲載されていたけど、ジャイアント馬場さんよりも俺の方が多かったはずだよ。

WCWでのムタの抗争相手にしても、リック・フレアーやスティングといった当時のトップクラスだったからね。聞いた話によると、アメリカでNWA世界王座に挑戦した回数は、日本人レスラーの中でムタが一番多いらしい。

しかも、ＷＣＷではテリー・ファンクとチームも組んでいたからさ。フレアーはもちろん、テリーとガッチリ絡んだ俺と同世代の日本人レスラーなんて、なかなかいないはずだよ。

ムタは３月にデビューして、５月にはスティングのＷＣＷ世界ＴＶ王座に連続挑戦している。ここからムタのステータスが上がっていったんだ。ムタのステータスを上げてくれたのは間違いなくスティングで、この後にフレアーと抗争して、さらにランクアップしていったんだよ。

フレアーは日本でも評価の高いレスラーだけど、スティングっていまいちだよな。でも、日本人が考えているスティングとアメリカでのスティングは全然違うからね。アメリカに行ったら、アメコミのヒーローみたいな感じで絶大な人気がある。彼は運動能力も高いし、バネもあったよね。

日本人受けしなかったのは、細かいレスリングの下地がなかったからだと思う。でも、そんなことを言ったらハルク・ホーガンもそうだからな。アメリカはとにかく人気があって、金を生み出すレスラーが一番評価されるんだよ。

夏にはエディ・ギルバートというレスラーとの抗争があった。８月12日の大会でシングルマッチをやっているんだけど、彼はミッシー・ハイアットという女子マネージャーを連れていてね。

その試合で、ムタがミッシーに毒霧を吹いたんだよ。これが凄い反響だったんだ。そもそもアメリカはレディファーストの国だから、女性に暴力を振るおうものなら大ブーイングを食らうよ。それが緑の毒霧で顔面をグチャグチャに汚したもんだから、客のヒートが凄かった。

ミッシーとは、2019年11月にアメリカでサイン会をした時に再会したんだ。すっかりオバサンになっていたけど、彼女はまだムタに毒霧をかけられたことを根に持っていたな。

WCWでは、日本でお馴染みのディック・マードックとも試合をしているよ。マードックもそろそろアメリカでは評価が下がり始めていた時期だったね。当時、WCWにはボブ・オートン・ジュニアもいて、2人が試合をすると「ボーリン！　ボーリン！」と客がコールするんだ。これはアメリカで試合がつまらないと起こるコールで「Boring」、つまり「退屈だ」ということだよ。

ただ、この人たちが凄いのは、そういうコールが起こると、逆にとことん動かなくなるんだ。20分くらい平気で動かない。そして、客がまた盛り上がり始めたら動き出すんだよ。あれには「凄い根性してるな」と思ったな。

マードックは新日本によく来ていて、対戦した先輩方はみんな絶賛しているみたいだね。彼は試合をリードしてくれるし、それに乗っかれれば非常に試合がやりやすいんだよ。これはフレアーも同じで、リードしてくる相手に対しては、こちらが乗っかればいいだけなんだ。

でも、アメリカでも日本でも、それを嫌うレスラーっているからね。俺はマードックのリードに乗ることは全然嫌じゃなかった。ただ、乗るにしてもレスラーとしての腕がいるし、そこは俺も自信があったよ。

ムタがスティングからWCW世界TV王座を獲ったのは、9月3日のアトランタの大会だった。

この頃、ムタはテリー・ファンクとJ－TEXコーポレーションというユニットを結成したんだ。これは「日本（JAPAN）とテキサス（TEXAS）の連合軍」ということで、テリーの弟分のディック・スレーターも仲間だった。

当時、テリーはフレアーと抗争していて、その関係からムタもフレアーと抗争するようになったんだ。テリーにしても、フレアーにしても、俺から見れば決して身体能力が高いわけじゃないんだよ。でも、何かがいいんだ。カリスマになる人って、そういう「何か」を持っている人だよね。

日本で言えば、猪木さんだってそうだよ。あの人も決して運動能力が高いわけではない。だけど、あれだけの地位を築くということは、やっぱり「何か」を持っているということなんだよ。

今の若いレスラーは、運動能力が高くないと持ち上げてもらえないという形ができてしまったよな。そこは不幸だなと思うけど、自分たちの方も運動能力だけあればいいと思っている節がある。

彼らを見ていると、「こいつらは歳を取ったら、どうするのかな?」と思ったりもするよ。たぶん、還暦に近い俺ががんばっている姿を見て、「武藤さんがまだやっているんだったら」と50代になっても現役を続けることを目標にしているレスラーっているよね。でも、若いうちから身体能力だけに頼った試合をしていると、それは無理だからな。

今の俺は膝が悪いし、人工関節を入れている身体障害者だよ。正直に言うと、たまに「プロレスをやっていていいのかな」と思うこともある。

でも、続けられているのは身体能力とは別に、人を惹きつける「何か」が自分にはあるんだと思う。それを若い頃から磨き続けてきたからこそ、生き残っているんだろうな。猪木さんだったら、あの表情なんかが「何か」に当たる部分かもしれない。でも、身体能力に頼った動きをすることばかりにとらわれて、そこに頼りすぎているから、今の若いレスラーにはカリスマを感じないんじゃないかな。

それと今のプロレスって、その〝チーム〟に入れるどうかが重要になっている。要するに手の合う者同士で、いい試合をするというのがトレンドだよ。

でも、猪木さんが支配していた時代の新日本プロレスって、どこの馬の骨ともわからないような選手と大会場のメインで試合をしなきゃいけなかったりするわけだ。その試合が、その選手との初対面だったりするんだよ。こうなると、手が合うも合わないもないんだ。

今のプロレスは同じチームでひたすら対戦して、その試合が完成に近づけばビッグマッチで披露するという流れだよね。昔みたいに「こいつとこいつがやったら、どういうふうになっちゃうんだ?」というカードは試合の完成度が未知数だから、なかなかやらないよ。

でも、昔のプロレスは、そこでいい試合になるか、あるいはデタラメな試合になるかもひっくるめて、スリルがあって楽しかったなと思うよ。そこでデタラメに崩れたとしても、プロレスファンもそれを受け入れる寛容さがあったからね。

1999年の1・4東京ドーム大会で、橋本真也と小川直也がデタラメな試合をやったよな。橋本が小川にぶん殴られて散々な目に遭ったけど、「あれはあれでいいんじゃないの?」って、おそらく当時のファンは思っているんだよ。ああいうのは、見ている分には面白いからね。やっている方は大変だけどさ。でも、それもプロレスだったんだ、あの時代は。

また話が逸れたけど、テリー・ファンクに関しては、とにかくどんな状況でも一生懸命に汗をかいて働いていた印象が強いよ。それが彼の「何か」だったんだと思う。昔の全日本プロレスの選手たちは、どんな田舎でも手を抜かずに試合をするテリーの影響を受けていたという話を聞いたことがあるけど、それはWCWの頃も同じだったね。

このWCW時代に一度、アマリロにあるテリーの家に行ったことがあるよ。牧場の真ん中に木舎があってね。そこにあるイスにテリーが座って、「このイスにはマリリン・モンローも座ったことがあるんだ」と自慢していたよ。

リック・フレアーというのは、そのキャリアが光るよな。俺がフロリダにいた時期、マツダさんたちが運営していた団体はNWAの傘下だったから、たまにNWA世界ヘビー級チャンピオンのフレアーが来るんだよ。

そこで防衛戦をやって盛り上げて、最後はちょっとインチキをして勝つ。だけど、フレアーが来ると、ハウスショーは客がたくさん入るんだ。

これはバリー・ウィンダムも同じでね。彼らが来ると、ハウスが埋まる。そうすると、ゲート収入も上がるから、パーセンテージで俺たちがもらうギャラもアップする。だから、フレァー様々って感じになるんだよ。

その積み重ねが彼のカリスマに繋がっているんだと思う。フレアーがフロリダに来た時のギャラは、日本円にして数万円レベルで違ったからね。俺より上のポジションのレスラーなら、もっと違っていたはずだよ。

しかもフレアーの場合は、「彼が来れば、常に客が入る」という安定性があったから、各テリトリーのプロモーターも重宝していたんだろうし、だからこそレスラーとして長生きできたんだと思うよ。

足4の字固めを必殺技にした彼の独特のファイトスタイルも、客に伝わっているよね。それにスピーチもうまかった。最初はジェントルマンとして相手のことを持ち上げるだけ持ち上げておいて、最後に「お前より俺の方が強い」という落とし方をするんだよ。

それにフレアーはプライベートの時は常にジャケットを着ていて、身だしなみにも気を遣っていたからな。普通のレスラーって、みんな汚い格好をしているんだ。でも、彼はホテルでも飛行機でも常にビシッとした服装をしていたよ。こういうところも彼をカリスマに押し上げた要因のひとつだな。

WCWでデビューした直後に、フレアーに食事に招待されたことがあるんだ。その席にはフレアーの他にも、ケビン・サリバンとかトップの連中がいてね。それにフレアーの周りには、いつもモデルみたいないい女がいたよ。

そんな席に俺も招かれたんだけど、ドンペリをメチャクチャ飲ませてもらったし、帰りだってリムジンでホテルまで送迎してくれたからね。
しかも、女の子まであてがってくれるんだよ。でも、その女の子に「コーク、持ってる?」と聞かれてね。コカインのことなんだけど、当時の俺は意味がわからなかったから、正直に「持ってない」と言ったらフラれちまったよ。

それはともかく、俺としても自分の身体能力や技術には自信があったし、ある程度はWCWでプッシュされるなという予感はあった。皮膚感覚でなんとなくチヤホヤされているなというのは、どこに行っても感じていたよ。だから、気持ち的には最初から充実していたんだ。

当然、ギャラも良くてね。具体的な金額はシークレットだけど、日本ではもらえないようなギャラをWCWでもらっていたのは事実だよ。

面白いもので、向こうは移動のドライブにしても何をするにしてもトップはトップ同士で行動するんだ。下のランクの奴はそいつら同士で行動するんだけど、桜田さんはそういう連中と行動するのが好きだった。桜田さんは上から目線タイプだから、自分よりも下の奴らと行動する方が気持ちいいんだろうな。

当時、俺が一緒に行動していたのはホーク・ウォリアーとかファビュラス・フリーバーズの連中だった。特にフリーバーズのテリー・ゴディとはダラスでも一緒だったし、仲が良かったね。よく一緒にドライブしていたよ。

どうしてそういう面子だったかというと、俺の場合はゲーリーと仲がいい奴らとの行動が多かったわけだ。だから、アイアン・シークなんかともよく一緒に行動していたんだ。最近、彼の人生が映画になったけど、俺の方があいつの素顔は詳しいと思うよ。

そもそもアイアン・シークはWWFをドラッグ問題でクビになって、WCWに参戦していたからね。大体、ゲーリーの周囲にいる奴って、そういう問題を抱えている人間が多かった。俺としては日本みたいにヘンな上下関係もないし、解放感があって楽しく過ごせたけどね。

それにゲーリーは、プロレスの試合については口を出さないんだ。何もうるさいことは言わないよ。ただ、困ったのは経費を浮かせるためにホテルなんかはゲーリーとツインで泊まることが多かった。あいつ、イビキが凄いからね。怪獣みたいなイビキをかくから、それだけが苦痛だったよ。

リング上に話を戻すと、ムタのステータスはその年の後半、さらに上がっていって、フレアー、スティング、テリーと並び、WCWの4強みたいに言われ始めた。10月になるとフレアーのNWA世界ヘビー級王座にも挑戦するようになったり、扱いはかなり良かったよ。

WCWでは毎年、ハロウィンの時期に『ハロウィン・ヘイボック』というPPVイベントが開催されるんだ。この年の10月28日にペンシルベニア州のフィラデルフィア・シビック・センターで行なわれた大会でムタはテリーと組んで、フレアー&スティングと対戦している。

この試合はケージマッチで、メインイベントになると上から金網が降りてきてリングを覆うんだよ。しかも、この試合の特別レフェリーはジャイアント馬場さんのライバルとしても有名な、あのブルーノ・サンマルチノだったからね。ムタは試合中にサンマルチノのチョップを食らったんだけど、俺と同世代であの人と絡んだレスラーは、そうそういないはずだよ。

この日は試合中にハプニングが起きてね。ハロウィンだからリング周りに布切れみたいなもので飾りがされていたんだ。でも、電気系統がショートして、そこに火が点いたんだよ。テレビ放送もしているから、副社長のジム・ハードが物凄く慌てて、「試合は中止だ！」と叫んでいたな。

でも、そんなことを言っている最中に火がうまく消えてね。しかも、ムタがちょうどケージを登っている最中だったから、その布に毒霧を吹きかけたんだよ。実際にはもう火は消えていたんだけど、まるでムタが毒霧で消したように見えたから、客が盛り上がってね。「ファイヤーマン！」と口々に叫んでいて、その一瞬だけ凄いベビーフェースだったことを憶えている。

当時、毒霧は今みたいに勝負を決める手段として使っていたわけじゃなかった。でも、ムタになってから使用頻度が増したことは間違いない。

元祖のカブキさんは照明のことも考えて、下から上に吹き上げるというのをモットーにしていたみたいだね。その吹き方が一番綺麗に見えるから、というのが理由だそうだ。

俺が毒霧に関して、もっと重要だと考えているのはTPOだよ。この『ハロウィン・ヘイボック』の時のような使い方もありだし、試合ごとに相手や会場、そして客の特徴を考えて、吹く場面はちゃんと考えている。

プロレスって、いつも同じ環境でやれるわけじゃないからね。様々な環境の中で、いかにそこに順応するかがレスラーとしての器量が問われるところなんだ。

こういった「ＴＰＯを考えるプロレス」で優れていたのが猪木さんだったりするんだろう

ね。昔、よく異種格闘技戦をやっていたけど、相手の器量がどれだけあるかわからない中での試合も多かったと思うよ。そこにきっちり順応して、客が納得する試合を見せていたんだから、やっぱりさすがとしか言いようがないよな。

そういう意味では、ムタも毒霧というものをよく使いこなしてきたよ。プロレスが誕生してから余裕で100年以上経っているだろうけど、この毒霧に勝る凶器はないと思う。

話をケージマッチに戻すと、この試合も含めて今はWCW時代の映像がWWEネットワークで見られるみたいでね。当時の姿がちゃんと映像で残っているというのは、ありがたい話だな。だから、今でもムタはアメリカに呼んでもらえるわけだからさ。

ちょうど、その頃に桜田さんをWCWに呼んだんだよ。なぜ呼んだのかは忘れてしまったんだけど、ゲーリーとそういう話になって桜田さんの招聘が実現したんだ。もしかしたらフロリダ時代から世話になってきて、その恩返しという気持ちが俺の中に若干ながらあったのかもしれない。桜田さんが来てからはホテルでも一緒の部屋に泊まっていたから、ゲーリーの怪獣のようなイビキに悩まされることもなくなったよ。

桜田さんの女好きは相変わらずでね。でも、根は真面目な人だし、車を運転してくれたり、弁当を作ってくれたり、凄く面倒見がいいんだ。基本的に世話を焼くのが好きなんだよね。

レスラーとしては、素晴らしいヒールをやっていたと思う。ただ、ちょっと感覚が古いかなとも思った。そこは世代の違いもあるよな。桜田さんはルイジアナやカルガリーとか行く先々でトップを張っていたというし、フロリダでもワフー・マクダニエルと抗争していたわけだから、カブキさんと同じく、あの時代のアメリカを生き抜いた仕事人なんだよ。

その桜田さんをテリーとムタのＪ‐ＴＥＸコーポレーションに加えたんだけど、ゲーリーはなぜか剛竜馬さんのことを知っていてね。この時、桜田さんに「お前、剛竜馬みたいにできるか？」と言ってきたんだ。要は、顔と手を痙攣させながらの入場を要求したんだよ。

桜田さんは、「そんなの、できねえよ！」と断っていたけど、ゲーリーにしてみれば剛さんの仕草は不気味に見えたんだろうな。俺は剛さんに会ったことがないから、よく知らないけどさ。

そうしたら、今度はゲーリーが桜田さんに「じゃあ、お前はとにかく後ろ向きに歩け」と言ったんだ。桜田さんはドラゴン・マスターというリングネームで、役どころはムタのボディガードということでね。だから、ムタが入場する時にその背後を守りながら、本当に後ろ向きで入場するんだよ。よくわからない演出だったけど、ゲーリーはとにかく桜田さんを不気味に見せようとしていたんだろうね。桜田さんも日本のヤクザをイメージした格好をしていて、今考えるとおかしなことをしていたよな。

同時期には、バズ・ソイヤーもＪ‐ＴＥＸコーポレーションに合流してきた。あいつは大量の痛み止めを飲んでいてね。さらに酒も飲むから、おかしくなっちゃうんだよ。最後はドラッグで命を落としたけど、仕事はできる男だったから、もったいないよな。

とにかくＷＣＷ時代は、いい経験をさせてもらったよ。テリーやフレアーのようなレジェンドと絡めたのは、財産としか言いようがない。その他にはＮＷＡ世界王者にもなったリッキー・スティムボートとも試合をやっているしね。そのクラスの選手とキャリアの早い段階で試合ができたことが当時のムタのステータスを物語っていると思う。

ＷＣＷではスティーブ・ウィリアムス、ロード・ウォリアーズ、ダニー・スパイビー、シッド・ビシャスといった連中とも試合をしたよ。みんなデカイ奴ばかりで、あのウォリアーズが大きく見えない世界だから、そこは驚いたな。当時のアメリカでは体のサイズが「最低でもムタ」くらいの感覚だったから、他の日本人レスラーだと見劣りしたかもしれない。

そういう世界で、４強のポジションを獲得していたのがムタだったということだな。後にｎＷｏとして大ブレイクするケビン・ナッシュやスコット・ホール、新日本でも人気だったスタイナー・ブラザースも当時はまだまだという印象だった。

ナッシュはオズという名前だったし、ホールやスコット・スタイナーともシングルで試合をしたけど、ムタは雑魚扱いしていたからね。

こういう大きなレスラーたちが中心の当時のアメリカはプロレスも大雑把で、ムタみたいにテクニックを使うと、それ自体がミステリアスに見えたんだ。そこもムタがブレイクした要因だったろうね。当時は体もよく動いていたし、よりミステリアスに見えるような動作にも気を配っていたよ。

もっとも、それは体が動かなくなった今の方が意識は大きいけどね。入場コスチュームだって、だんだん仮装行列みたいになってきたから、今の方が苦しいかもしれない。

でも、動かずに魅せるということもプロレスにはあるからさ。それも技術なんだ。かえって動かない方が目立ったりする時もあるんだよ。そこは絶えず動いている今のレスラーにはできないかもしれないな。

それと今のレスラーと昔のレスラーでは、発する言葉にも違いがあるよな。長州さんの有名な「噛ませ犬」というフレーズは、やっぱりインパクトがあるよ。あの人は今でもツイッターで「ハッシュドタグ」、「飛ぶぞ！」とかデタラメな言葉の使い方をしているけど、一般の人が聞くと面白いんだろうね。

昔は、そういう言語感覚が独特な人が多かったよ。俺にしてもデビューして初めてアメリカに行く前に、「プロレスとはゴールのないマラソン」というワードを出しているからね。でも、今のレスラーは喋りが達者でも、言わされている感があるんだよ。自分の状況を説明しているだけのような気がするんだ。

ムタの場合はとにかく喋れないから、パントマイムに近い感じで体で表現するしかなかったし、そういう表現方法を身に付けなきゃ生きていけない。こうした環境がムタを進化させていったんだと思うよ。

昔から言っているけど、俺にエネルギーとやる気と若さがあれば、「グレート・ムタエ」というオカマレスラーもやりたかったね。もしやる気になっていれば、ちゃんと新宿2丁目に行って勉強して、完璧なオカマレスラーを作り上げていたと思うよ。ただ、今となってはその気力もないし、面倒くさいよな。

話を戻すと、充実していたＷＣＷ時代も終わりが近づいてくる。まず、ゲーリーがＷＣＷをクビになったんだ。12月13日にＷＣＷの年間最大のビッグショー『スターケード』というＰＰＶイベントがあって、ムタはそのメインイベントに出場している。ムタ、フレアー、スティング、レックス・ルガーの4人によるアイアンマン・トーナメントという形式の試合が組まれて、ムタは全敗という結果に終わったんだけど、その時期からゲーリーがオフィスとギクシャクし始めたんだ。

その頃、ムタに「ベビーフェースになれ」という話が来ていてね。ゲーリーは「お前はベビーフェースになったら終わりだよ」とアドバイスしてくれて、オフィスからの要求に対して防波堤になってくれていたんだよ。

そのゲーリーがクビになったことで、ムタも先行きを考えなきゃいけなくなった。このＷＣＷ時代に、実はＷＷＦから3～4回オファーを受けているんだ。もっとも直接ではなく、間接的になんだけど、「ＷＷＦのブッカーのパット・パターソンがお前を欲しがっている」という話を聞いていたんだよ。

だから、俺もＷＷＦに行けるチャンスがあるかなと思っていたんだ。結果的にＷＣＷからベビーフェースにチェンジしろと言われたことで、「じゃあ、辞める」と決断したんだよ。

その時、まず坂口さんに相談してね。そうしたら、年が明けて１９９０年2月に新日本が東京ドーム大会を開催して、そこにビンス・マクマホンが来ると聞かされたんだ。4月に新日本と全日本とＷＷＦが東京ドームで合同興行をやることが決まっていたから、そのために来日するということでね。坂口さんから、「その時に紹介してやるから帰ってこいよ」と言われたわ

けだよ。

本当はムタvsフレアーというカードをWCWから直輸入して、その2月の東京ドーム大会でやるはずだったんだよな。ただ、アメリカにいたムタに、そういう話が来た記憶はないんだけどね。後で聞いた話だと、4月の合同興行の件をWCWが知って、へそを曲げてフレアーとムタを新日本に送るのをキャンセルしたらしいよ。

年が明けてからは、フレアー率いるフォー・ホースメンとの軍団抗争が主軸になっていた。その流れの中で、ムタはホースメンのアーン・アンダーソンに世界TV王座を落としてね。

最後にWCWで試合をしたのは、2月6日にコーパスクリスティで収録した『クラッシュ・オブ・ザ・チャンピオンズ』というPPVイベントだった。この日はドラゴン・マスターこと桜田さん、バズ・ソイヤーと組んで、リック・フレアー&アーン・アンダーソン&オレイ・アンダーソンとのケージマッチ。これでWCWはフィニッシュだよ。

結局、俺は日本に帰ったんだけど、ビンスには会わせてもらえなかったし、自然な流れでそのまま新日本に定着することになったんだ。

帰国前には桜田さんや将軍KYワカマツさんを通して、メガネスーパーが立ち上げるという新団体SWSからも話をもらったよ。でも、自信がなかったから最終的にその話は断った。もし俺がSWSに移籍していたら、日本にグレート・ムタが出現することはなかったかもしれないよな。

俺がアメリカから帰国したのは、1990年の春だった。当たり前だけど、帰国した当初はグレート・ムタを日本でやるつもりなんて毛頭なかったよ。

基本的に武藤敬司とWCWでのグレート・ムタのファイトスタイルは変わらない。アメリカには武藤敬司は存在しないからね。大きな違いは、見かけだけなんだ。俺の中では武藤敬司＝グレート・ムタだったから、日本では素顔の武藤敬司として勝負しようと思っていたし、ムタになる必要性はないと思っていた。

それが会社の方から、この年の9月シリーズでムタをやるように言われたんだ。会社から言われれば、やるしかねえよな。そこは団体に所属する選手の宿命ってやつだよ。だから、最初にムタになったのは俺自身の意思というより、半ば強制的なものだった。

ムタの日本デビュー戦は『エクスプロージョン・ツアー』の開幕戦となった9月7日の大阪府立体育会館大会で、相手はサムライ・シローに決まった。サムライ・シローとはご存知、越中詩郎さんのことだよ。ムタの登場に合わせて、越中さんもメキシコで武者修行をしていた時代のキャラクターに変身させられたというわけだ。

どうしてムタの初戦の相手が越中さんだったのかと聞かれても、その理由は知らない。察するに俺と同じくらいの世代の選手で、しかもムタと同じような海外独自のキャラクターを持っていたからだろうな。その程度のことで、会社も適当にカードを決めていたと思うよ。

このサムライ・シロー戦については、結論を言ってしまうと不満足な出来だった。グレート・ムタと武藤敬司の違いなんて見かけ以外はほとんどないし、今のように毒霧をフィニッ

シュに組み込むような使い方も、この試合ではしていないからな。

結局、「ペイントしただけの武藤敬司の試合」なんだよ。客も期待外れだったと思う。ちなみに、この試合はノーテレビだから会場で見た人は貴重な体験だよ。

相手のサムライ・シローなるキャラクターだって、当時のファンはどんなものなのか、よくわかっていなかっただろうね。今みたいに海外の情報が広く出回る時代じゃないからな。俺に言わせれば、これじゃ試合を楽しみようがないよ。

俺としても、会社が何を求めていたか理解できていなかった。会社の方も、これまた何も考えていなかったと思う。目新しいカードを組んで、集客に繋がればいいというだけで、それ以外の思惑はなかったはずだよ。

当時の新日本プロレスという会社はレスラーに対して注文はしてくるけど、基本的には投げっぱなしだからな。「このカードでやってくれ」と言われても、責任を取るのはこっちだよ。「なぜこの試合をしなければならないのか?」といった理由を自分なりに噛み砕いて、リング上で見せなきゃいけない。

アメリカのプロレス団体は、このレスラーをスターにしようと決めたら、それに合わせてストーリーに乗せていく。でも、当時の新日本は成り行き任せだよ。会社の力でスター街道に乗せようとするレスラーなんて、ほんの一握り。そこに乗れるか、乗れないかはレスラーの実力次第なんだろうけど、その辺はアメリカと日本の違いを感じたな。

そんな状況でやったサムライ・シロー戦だから、俺はとてつもないつまらなさを感じたよ。

このままじゃ、ムタは見かけだけの出落ちのキャラクターになってしまう。せっかくWCWでトップを張ってバリューをつけたのに、ただ消耗させるだけじゃもったいないよな。

だから、ムタをアメリカ時代とも違う、日本のリングでもオーバーするような武藤敬司とはまったく別のキャラクターのレスラーに仕立て上げる必要性を感じたんだ。もう次の試合は1週間後の9月14日に、広島サンプラザで馳浩とやるというのが決まっていたからね。俺はサムライ・シロー戦の反省を踏まえてムタの新しいイメージを固め、馳との試合に臨んだんだ。

それが当日は、いい方向に出たのかな。試合はアメリカのグレート・ムタや日本の武藤敬司のように、じっくりとしたレスリングで開始した。その後、途中で馳が張り手を連発してきたシーンがあったんだ。自分ではわからなかったけど、この時に

顔のペイントがかなり剥がれてね。この当時のペイントは非常にデリケートで、すぐに剥がれちまうような代物だったからな。

その瞬間から、ムタのヒールファイトが始まった。鉄柱攻撃で馳が流血したら、場内の空気もガラリと変わったよ。試合開始当初はむしろ馳の方がヒール的な立場だったかもしれないけど、この流血で立場が逆転したんだ。流血しながらもがんばる姿を見せていた馳は客からベビーフェースとして認識されるようになったし、場内の声援もあいつに集中したよ。

一方のムタには、ブーイングの嵐だった。ただ、これはちょっとしたエクスタシーでもあるんだ。アメリカでもブーイングを浴びたりしたけど、それに近いものを感じたよな。自分で引き起こしたものだから、これは気持ちいいよ。

試合の結果はリング下から持ち出した担架でレフェリーのタイガー服部さんを殴り、ムタの反則負けだった。それでもムタは暴れ続けて、最後は馳を担架に乗せた状態でムーンサルトプレスもやったよ。

この頃は、その他にもリング周りにはいろんな物があったんだ。後にムタはもっと多種多様な凶器を使うことになるけど、ヒールをやる上では整った環境だったと言えるよな。目についた物は、何でも凶器として使用する。すべて自然の成り行きで、その都度ムタがチョイスするというわけだ。

よく、この試合から日本でのムタの方向性が決まったと言われている。確かに、その通りかもしれない。ただ、これはこれで厄介なことだったよ。武藤敬司とグレート・ムタのキャラク

ターをきっちりと分けたことで、2人のレスラーを同時に存在させなきゃいけなくなってしまったからな。俺の体はひとつなのに、2人のレスラーを別々にやらなきゃいけないわけだ。俺にとっては面倒くさいこと極まりないよ。

ただ、その2つのキャラクターを使い分けられたからこそ、俺もこの年齢になるまでプロレスラーとして生き残れたのかもしれない。だから、この馳との試合で日本におけるムタの方向性を確立できたことは、俺のプロレス人生においても大きな出来事だったと思うよ。

そういう意味では、馳に感謝だな。よくわからないキャラクターのサムライ・シローよりも、ベビーフェースになりきれる馳の方が試合がやりやすかったのも確かだし、感謝する部分は大きいよ。

しかし、この次のリッキー・スティムボート戦は難題だった。リッキーとやったのは9月30日の横浜アリーナ大会で、この試合のハイライトはムタの入場シーンだよ。横浜アリーナの天井から宙吊りになったムタが忍者がダンスしている中に降りてくるという演出をやったんだ。

誰が考えたか知らないけど、おそらく新日本でこんな大掛かりな演出をしたのは初めてのことだろうね。当時、新日本でマッチメークをしていた長州力さんや永島勝司さんでは思いつかないはずだし、新日本の社員でもそんなセンスのある奴はいそうにないから、おそらく外部に演出を発注していたんだと思う。

ただ、これ以降、ムタの入場には気を遣ってもらえるようになった。他の選手も東京ドームとかのビッグマッチで、派手な入場演出がされるようになったよな。

とはいえ、この時は大変だった。数試合前から天井にぶら下がってスタンバイしていなきゃいけないいし、その間はトイレにも行けないからさ。

そして、この試合で何よりも難しかったのは対戦相手だよ。リッキーはNWA世界ヘビー級チャンピオンになったほどのビッグネームだし、全日本プロレスでも活躍していたから知名度は抜群だった。

ただし、日本で人気があったかといえば、そうでもないと思うよ。リッキーのファイトスタイルは、日本人からは弱く見えるんだよな。アクションがトゥーマッチで、日本受けしないタイプのベビーフェースなんだよ。

ムタがWCWにいた時、リッキーも在籍していたけど、アメリカで見ていても彼のオーバージェスチャーは客の反応が弱かった。向こうで試合をした時もまったく手が合わなかったな。

　リッキーには強さを感じないから、これじゃいくらベビーフェースでも馳とは違って客が応援しづらくてしょうがないし、ヒールのムタも引き立たない。そういう意味で、この試合は非常に難しかった。

　ところで、リッキー戦があった横浜アリーナ大会は、猪木さんのデビュー30周年を記念する興行だったんだよな。当時はそんなことなんか気にもしなかったけど、後から聞いたら猪木さんもムタの試合を見ていたらしいよ。

　この試合を見たことが後々、猪木さんの引退カウントダウンの一発目でムタが使われたキッカケになったみたいだな。まあ、本当かどうか知らないけど、そんな話を聞いたことがあるよ。
　次にムタが新日本のリングに出現したのは、１９９１年3月21日の東京ドーム大会だった。

『スターケード IN 闘強導夢』という大会で、名前からわかる通り、これはWCWとの対抗戦が主軸になった興行でね。前章でも触れたように、「スターケード」というのはWCWが毎年年末に開催していた年間最大のビッグショーのことだからさ。新日本とWCWが前年の11月に業務提携したから、成立した大会だよ。

これも後で聞いた話だけど、新日本とWWFが業務提携するなんて話もあったらしい。だけど、あっちは金が高かったみたいだよ。WCWはマサ斎藤さんが中心になって業務提携の話をまとめたようで、マサさんとWCWにいたエリック・ビショフが旧知の間柄だったというのも大きかったんだろうね。

そういう状況だと、必然的にグレート・ムタというものが会社から求められることになるよな。やっぱりWCWで名前が通っているムタは、いい駒になるからね。

この大会でムタの対戦相手に用意されたのは、WCW時代にさんざんやり合ったスティングだった。要するに、新日本としてはWCWの名物カードを東京ドームで再現させようと思ったんだろう。

ただ、これも投げっぱなしな注文だったよ。日本でのムタは、まだこの頃は手探りもいいところだからね。馳との試合は評判が良かったけど、サムライ・シロー、リッキー・スティムボートとの試合は俺の中で手応えがなかったし、まだいろいろな部分で迷っていた。だから、スティングとの試合はハッキリ言ってしまえば、やりたくなかったよ。

ここまでの3試合を振り返っても、入場はいいんだよ。ムタが出てくれば、盛り上がるんだ。

ただ、試合になると盛り上がらないまま終わるというのを実感していたからね。というか、自分の中ではそういうイメージが強かったんだ。

ただ、俺自身が迷っている反面、プロレスファンの間でムタは認知されていったんだろうな。おそらく人気は上がっていったんだろう、きっと。そうじゃなきゃ新日本だって、またムタを出そうなんてことにはならないよ。

だから、ムタは生き残ったとも言える。アメリカで生まれたキャラクターだけど、今のグレート・ムタは新日本プロレス育ちと言っていいからね。新日本で唯一生き残ったギミックレスラーがムタという自負が俺にはあるよ。だからこそ、猪木さんとも試合ができたんだろうしね。

それに東京ドームという大舞台への出場は、これが初めてだったんだ。よく「武藤よりムタの方が東京ドームに出たのは先なんですね」なんて言われるけど、そこは2つのキャラクターのうち勢いのある方が出るわけで、この時は武藤よりムタだったということだろうな。ただ、そこに悔しさみたいなものは感じない。どっちにしろ俺だから、どうでもいいんだよ。

会社としては武藤敬司だけじゃなく、グレート・ムタも商売になってくれた方がいろいろと興行をやっていく上でやりやすかったんだろうね。単純にマッチメークを考えるにしても、2パターンできるわけだ。それなら、「給料も2倍欲しいなあ」なんて思ったよな。実際はくれなかったけどさ。

肝心のスティングとの試合は、普通のベビーフェース同士がやるような内容になっちまったよ。スティングもアメリカではスーパースターだけど、リッキーと一緒で日本受けしないタイプのベビーフェースだから、そういう意味では試合がやりづらかったのを憶えている。

スティングってアメリカ人だから、当然ながら和式便器を使わないよな。だからなのか、あいつのサソリ固めは長州さんみたいに腰がどっしりと座っていなくてカッコ悪いんだよ。あの技は、やっぱり和式便器を使う日本人向きだね。

ところで、新日本とWCWがガッチリと手を組むようになったことで、俺は日本に帰ってきてからも、ちょいちょいシリーズの合間にアメリカへ遠征することができた。これは俺にとっても、ありがたかったよ。この頃は、まだアメリカのプロレスに対して欲があったからな。
とはいえ、WCWに在籍していた頃と比べると、この時期のムタは完全にゲストだか

らね。向こうのストーリーに入っているわけじゃないし、そんなに面白いカードは組まれなかったよ。

そんな中で、この年の6月にまたWCWに行って、数試合やっている。その時にスタン・ハンセンとタッグを組んだんだよな。6月14日のセントルイスの大会だったよ。ただ、全日本プロレスの常連だったハンセンもWCWにどっぷりじゃなかったから、客はこのチームにどう反応していいのかわからなかっただろうね。この頃はWCWに行っても、蚊帳の外みたいな感じだったよ。

日本に帰ってきたら、少しずつムタの出番が増えていった。7月19日には札幌中島体育センターでTNTと組んで、馳浩&佐々木健介と試合をしている。

TNTはプエルトリコでのスーパー・ブラック・ニンジャ時代に抗争していた相手で、後に俺が開催していた『プロレスリング・マスターズ』にも呼んだけど、結構思い入れのある選手だよ。あいつはテコンドーをやっていて東洋系の技を使うし、プエルトリコでは人気があった。向こうの若手の中では、TNTが一番だったんじゃないかな。

ただ、あまり新日本では重宝されずに、すぐに全日本に行ってしまったよな。当時の新日本は、外国人レスラーに冷たかったからね。とりあえず、馬場さんの方が少しは大切にしてくれると思うよ。

それから8月25日にはよみうりランドで、スーパー・ストロング・マシンとも試合をした。この試合は、「背景」がいいんだよな。今もあるかどうか知らないけど、よみうりランドには

古い門があってね。夜だから、月も出ていてさ。その風景の中だと、ムタみたいなミステリアスなキャラクターはより映えるんだ。プロレスにおいて、そういう絵って必要なんだよ。

それにマシンのように強いキャラクターを持っているレスラーは、ムタにとってはやりやすい相手なんだ。だって、マスクを被っているわけだからさ。ムタは、それを破ればいいだけだからね。そういう材料が揃っているレスラーは、ヒールからすれば非常にやりやすい相手なんだよ。

9月10日の大阪府立体育会館大会では野上彰が変身したＡＫＩＲＡと組んで、キム・ドク＆栗栖正伸ともやった。

今みたいにインターネットが当たり前になった時代では考えられないけど、この当時は海外修行中のレスラーというのは、なかなか情報が日本のファンに届かなかったよな。だから、向こうでやっていたキャラクターで試合をすることが日本でビジネスになったんだ。

ただ、この時代よりも一昔前だと成立しない。昔の日本人レスラーは、海外でみんな田吾作スタイルだったからね。猪木さんもやったことがあるそうだし、馬場さんにしても、マサさんにしてもそうだよ。カブキさんも若い頃は、アメリカで田吾作タイツを穿いていたみたいだしね。この田吾作スタイルを日本でやるのは無理がある。まあ、猪木さんの田吾作スタイルは見てみたかった気もするけどな。

ＡＫＩＲＡは野上がヨーロッパで修行していた時代にやっていたキャラクターらしく、歌舞伎のようなペイントをしていた。このＡＫＩＲＡが新日本のリングに登場できたのも、ムタが

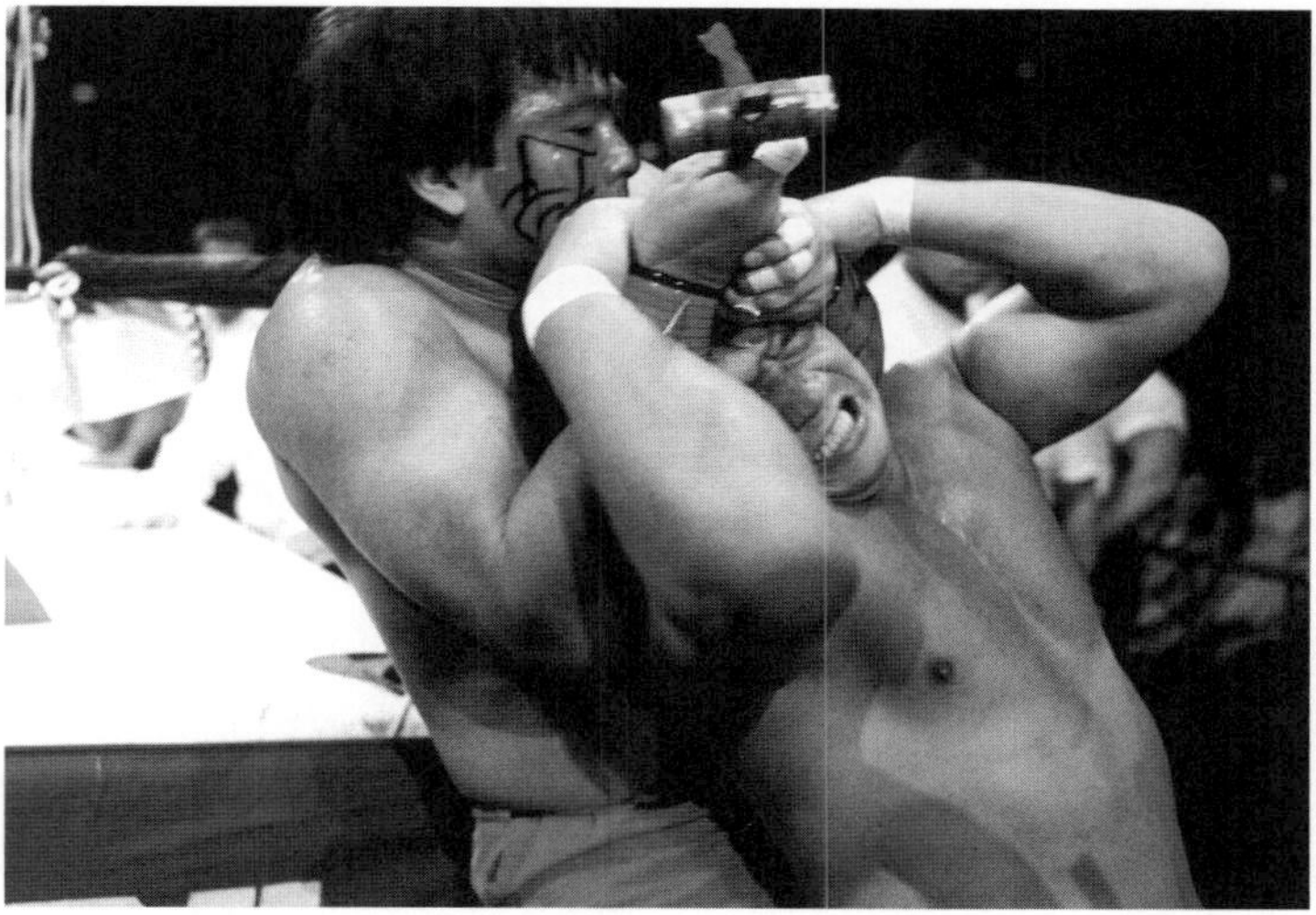

とりあえず認知されたからという理由があったかもしれないよ。
野上は、あのスタイルで日本で試合ができたことが嬉しかったそうだけど、何しろ彼は新日本のストロングスタイルが一番嫌いな人間だったからね。もう嫌いで嫌いでしょうがねえんだよ。そのストロングスタイルの権化みたいな橋本にやられて目を怪我したから、あいつのことが大嫌いだったよな。
この年の9月30日には横浜アリーナで、藤波辰爾さんとも試合をした。当時の新日本のトップどころとのシングルマッチは、これが初めてということになる。
この試合の入場シーンも話題になった。有名なマジシャンの引田天功さんのイリュージョンで入場したんだよ。いつだったか藤波さんとトークショーをやった時に、この試合の話になったんだ。藤波さんは「あれは大変だったよね」なんて言っていたけど、マジックのタネは言わない約束になっていたから、藤波さんが喋りそうになって焦ったよ。

ところで、俺はこの大会に女房の両親を初めて招待したんだ。まだ結婚前で、女房が俺を両親に紹介したがっていたからね。ただ、最初に見せたのがムタだったのは失敗だったな。

この日のムタは、ひどいことをしたからね。ゴングやジュラルミンケースで藤波さんをぶん殴って、挙句の果てにはビール瓶で頭をかち割っているからさ。あれで藤波さんを大流血させちまった。昔はなぜかリングサイドに水の入ったビール瓶が置いてあってね。あれで水分補給したりするんだけど、みんなが口を付けているから汚ねえよな。

そのビール瓶で藤波さんの頭を殴ったもんだから、女房の両親が驚いてね。「あんな悪い奴にウチの娘はやれない！」なんて言われてしまった。まあ、結果的には結婚できたわけだけど、向こうの両親の怒りを収めるのに大変だった。

ただ、この本を作るにあたって改めて映像を見たけど、当時のムタはかなり荒っぽいことをしていて、ヒールのやり方が若いな。

昔の新日本の客って、ヒールには厳しかったんだ。もう少し前の時代だと、暴動になりかねないような試合内容だよ。この頃も一歩間違えると、まだ客が暴動に起こしそうな気配は残っていたしさ。

付け加えると、藤波vsムタ戦は横浜アリーナのメインイベントだった。この年の夏の『第1

回G1クライマックス』で蝶野が優勝して、俺たち闘魂三銃士がメインイベンターになり始めた頃だよ。当時はそんなに意識はしていなかったけど、その位置に近づきつつあるという実感はあったかもしれないな。

年が明けて1992年1月4日の東京ドーム大会で、またムタが登場した。カードはスティングとタッグを組んで、相手はスタイナー・ブラザース。アメリカではスティングは常に抗争相手だったから、組むのは初めてだった。

ただ、これでまたムタのキャラクターが崩れてしまうよな。せっかく俺が極悪なムタ像を作っている途中なのに、絶対的なベビーフェースと組まされるわけだからさ。

かといって、スティングをヒールに寄せるわけにもいかない。結論として、ムタをベビーフェースに寄せざるを得ないわけだ。だから、俺としては仕方がないとしか言いようがないマッチメークだよ。会社の方は、なんとなく豪華に見えるカードを組んでいるだけだからね。

この頃、リックとスコットの兄弟もムタがWCWにいた頃に比べるとスターになっていた。WCW時代は雑魚扱いしていたけど、もうしっかりとしたステータスを築いていたよ。彼らは下積みもあるし、アマレスの猛者だったという経歴もあるから、スティングなんかと比べると日本受けするタイプだよな。

日本の客って、昔からスープレックスをやるレスラーが好きなところがあるしね。こいつらはアマレスをやっていたというのもあるけど、パワーも本当に凄かったよ。

一方、スティングとムタのタッグは、客はどう見ていいのかわからなかっただろうなと思う。

そうなると、必然的にスタイナー・ブラザースのアクションに焦点を合わせた試合になるよ。こいつらは、いかに相手を投げるかというプロレスをしていたからね。必然的にそうなっちまう。

投げっぱなしのスープレックスって、この頃はまだ珍しかったよな。ただ、スープレックスって受けるにしても投げるにしても、固めるより投げっぱなしの方が楽だからね。少なくとも、俺はそうだよ。

この年は5月30日にWCWに行っている。その時の相手は、ブラッド・アームストロングというレスラーだった。

こいつとは、3月にも日本で武藤&馳としてIWGPタッグのタイトルマッチをやっているよ。ブラッドのパートナーは、スコット・ノートンでね。

このブラッドって、本当にいいレスラーなんだ。俺、こいつが好きでね。とにかくプロレスが巧い。こいつが一番巧いんじゃないかというくらい巧かった。アメリカでの試合は日本と比べて何も気を遣わなくていいんだけど、この時はブラッドが相手だったから、なおさらだったね。

この試合はテレビマッチなのに、20分くらい試合をやったんだよ。通常、テレビマッチでそんなに長い試合はやらないんだ。でも、この日はグラウンドで腕の取り合いとか、みっちりとレスリングをしたよ。おそらく、そういう試合を見たいというWCWからの要望があったんだろうね。アメリカ人のレスラーには、そういう試合はできないからさ。

ブラッドは後にWCWでライトヘビー級チャンピオンになったみたいだけど、トップというほどのレスラーではなかった。サイズ的にも大きくないし、ビジュアル的な部分でも特筆するところがないからね。ただ、とにかく巧いレスラーだったことは間違いないよ。

ところで、この1992年は振り返ってみると、ムタの歴史の中でも重要な年なのかもしれない。何しろ、新日本の看板タイトルであるIWGPヘビー級王座を獲ったからな。

これも東京ドーム出場に続いて、武藤敬司より先にムタが果たしたことだよ。ということは、やっぱりこの当時はムタの方が絶対的に商品価値が上だったんだろうね。たぶん、UWFインターナショナルとの対抗戦まではムタの方が上だったかもしれない。

ムタがIWGPを獲ったのは、8月16日の福岡国際センター大会だった。相手は長州さんで、グレーテスト18クラブ王座というベルトも懸けられたダブルタイトルマッチだったよな。

このグレーテスト18クラブというのは猪木さんのレスラー生活30周年を記念して、そのライバルたちによって作られた会らしいね。藤波vsムタ戦の前日のパーティーで作られたそうだけど、詳しい経緯は知らないし、興味もなかった。ただ、藤波さんと試合をした横浜アリーナ大会に18クラブのメンバーだったジョニー・パワーズとかが来ていた記憶はあるよ。

グレーテスト18クラブは初代王者が長州さんということになって、ムタとダブルタイトル戦をやったわけだけど、とにかくこの試合で記憶に残っているのは消化器を長州さんにぶちまけたことだね。

あれは俺自身も死ぬかと思った。消化器って火を消すためのものだから、噴射するとその場

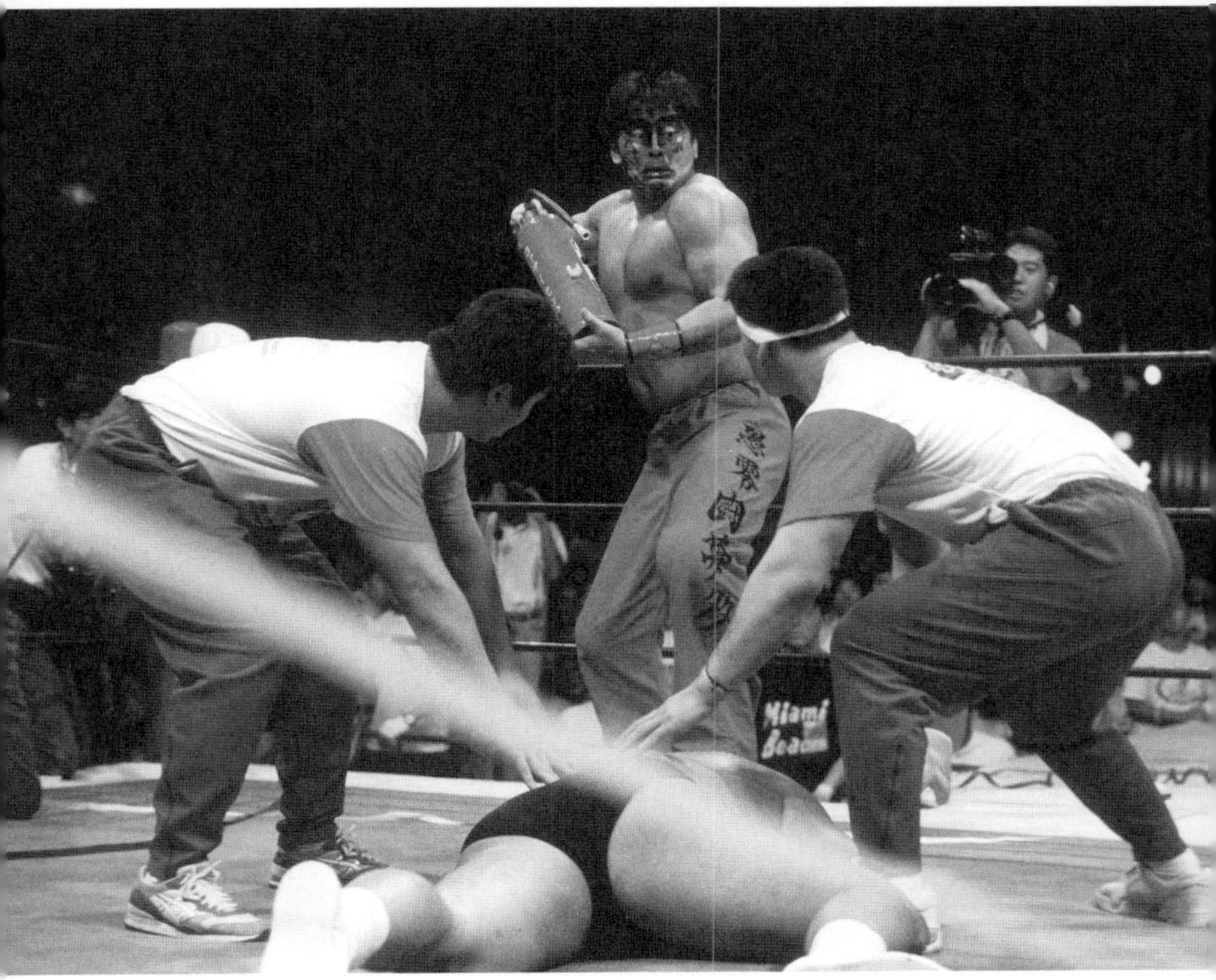
Miami

の酸素がなくなるんだ。だから、浴びせられた長州さんも死にそうだったし、俺も煙に巻かれて呼吸ができなくなった記憶が濃厚にあるよ。

あの消化器は会場に備え付けられていた物で、試合前に見つけて面白そうだなと思ったんだ。これはこの長州戦に限らずで、会場入りしたら、どこに何があるか頭の中にインプットする癖が俺にはある。

当然、会場側に断りなんて入れもしなかった。もしかしたら、試合が終わってから新日本の営業マンなんかが会場の担当者に謝ったのかもしれない。

だけど、そういうことをするのが新日本イズムであり、猪木イズムでもあったからね。あらかじめ許可を取ろうなんて考えないよ。すべて事後処理。猪木さん自体がそういうことをしないし、やった後で会社の人間が「すみません」で終わりだよ。

ひとつ言えるのは、未熟なレスラーってリングの中しか見えないんだ。でも、俺の場合は視界に入るスペースはすべて戦いの場という感覚でやっているからね。ムタというものをやっていく中で、自然とそういう感覚は磨かれていったと思う。

だから、繰り返しになるけど、会場入りしたら必ず何がどこにあるか観察していたよ。その場にある物を利用したくなったりするのは、俺の性格かもしれないな。

相手の長州さんに関しては、武藤敬司でもグレート・ムタでも試合はやりやすいという感覚があるよ。ただ、試合は別にして、あの人の考え方は仕事がやりづらいところがある。

最近、テレビとかの仕事で一緒になることが多いけど、根本的に合わないよ。なんで、あの

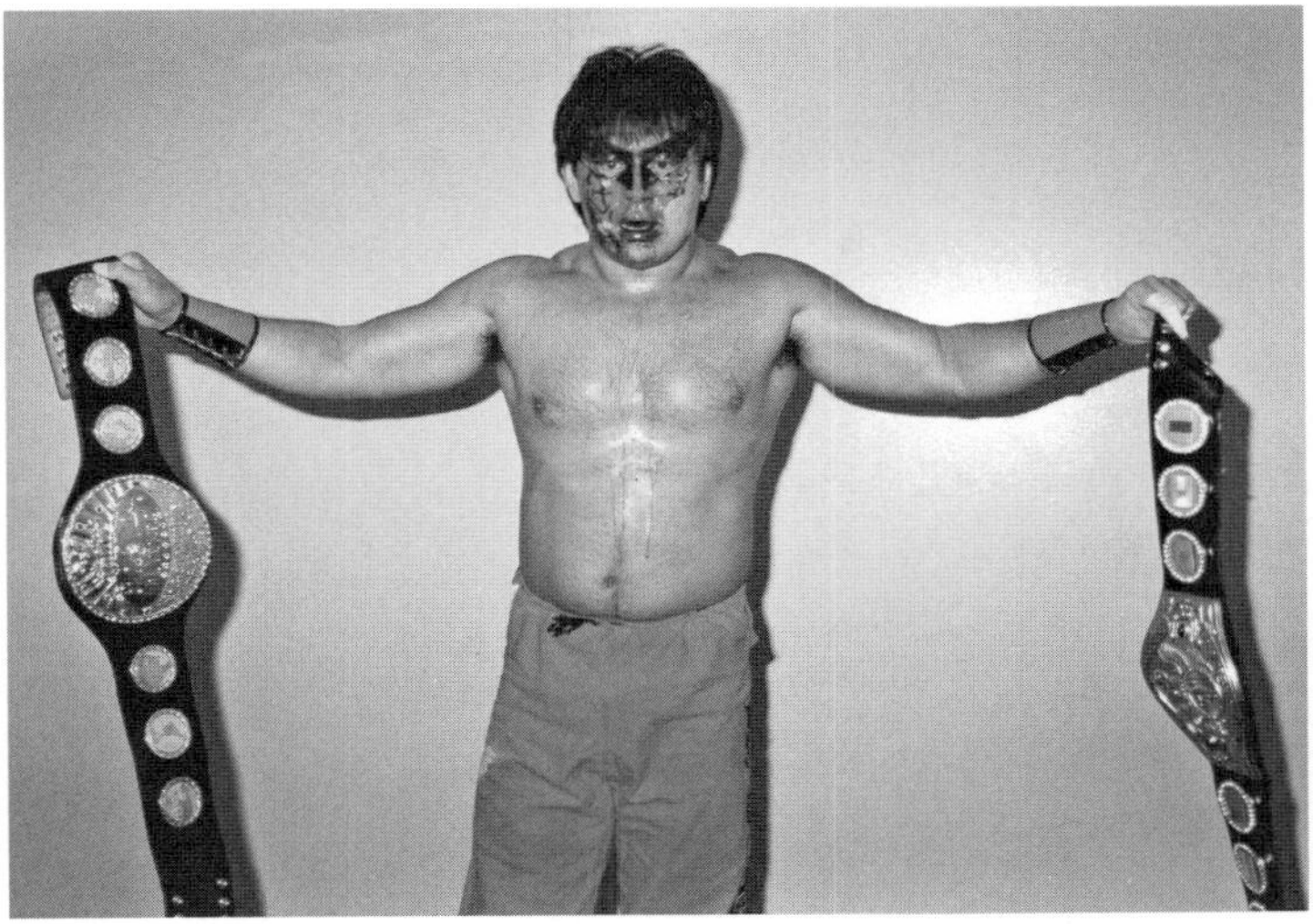

人はあんなにせっかちなんだろうね。性格がせっかちだから、プロレスもせっかちだよ。だから、途中でジャパンプロレスとして全日本プロレスに行ったけど、合わないで帰ってきちまったんだろうな。全日本のプロレスは、ゆったりしているからね。せっかちな長州さんが合うわけがないよ。

長州さんの方は「敬司と試合をすると、途中でコーヒーが飲めますよ」とか「試合中にタバコが吸えますよ」、「試合中に東スポが読めますよ」なんて言っていたりするよね。向こうからしたら、俺のゆったりとした間は合わないんだろう。でも、俺としては、「もっとゆったりすりゃあいいのに」なんて思う。あのせっかちさは、ある種の病気だよ。もう治しようがないな。

ところで、この試合はテレビ朝日の『ワールドプロレスリング』では放送されなくて、闘魂Vスペシャルというビデオとして販売された。この時代の新日本はテレビ中継以外の試合をビデオで売るようになっていて、これは確か山本小鉄さんのアイディアだったと思うよ。

この長州さんとの試合を収録した闘魂Vスペシャルは、凄く売れたんだ。何万本というレベルだよ。後に触れるグレート・ムタvs獣神サンダー・ライガーの試合と双璧の売れ行きだったと聞いたな。

この闘魂Vスペシャルは、レスラーにとって非常にありがたかった。何しろ、ビデオの売れ行きに応じてロイヤリティが入ってくるからね。俺もこの長州さんとの試合で400～500万円のロイヤリティを受け取ったはずだし、ビデオ収録の試合はレスラーたちがみんな喜んでいたよ。

IWGPチャンピオンになっても、基本的にムタのやることに変わりはない。ただ、チャンピオンとしてはやりづらい部分があったのは確かだよ。

基本的に日本のプロレス界は、反則技を受け入れないからね。反則で終わるようなプロレスを日本の客は嫌がるよな。だから、ヒールのムタがチャンピオンをやることは、全体的に大変だったような気がする。でも、そんなことは気にしてもしょうがないからな。

最初の防衛戦の相手は、橋本真也だった。9月23日の横浜アリーナ大会で、これがムタと橋本の初対決になる。あまり記憶にない試合だけど、シューズにスパナを入れてニードロップをやったりしたよな。

ちなみに、ムタがこの橋本戦の後にグレーテスト18クラブ王座を返上したのは、社長の坂口さんから言われたからでね。そのままタイトル自体が消滅したんだよな。猪木さん絡みで作ったけど、新日本にとってはあまり用のないベルトだったんだろう。

橋本とは武藤敬司として若手の頃から何度も試合をやっているけど、極端に日本向きの選手だったよ。よくあれだけ人のことを蹴れるよなってくらい攻撃は激しいし、ファン目線だと浪花節的というか感情移入しやすいところがあった。だから、ムタは橋本みたいな日本向きのレスラーにも合わせなきゃいけないし、思いっ切りアメリカンなスタイルにも合わなきゃいけない。

そういう意味でグレート・ムタというレスラーは、会社側から見れば重宝した選手だと思うよ。WCWから呼んだレスラーともできるし、橋本みたいなデタラメな日本人レスラーも相手

にできて、なおかつ客もそこそこ呼べるんだからね。

一言で言ってしまえば、オールラウンドなレスラーだよな、ムタは。こんな使い勝手がいいレスラーはいないよ。もし、俺が前のように団体を経営する立場だったら、そういうレスラーが欲しいなと思う。こういう奴がいると、マッチメークを考えるのも楽なんだ。

当時の新日本プロレスを見たって、長州さんも癖があるタイプだし、試合をやりたくないという選手はたくさんいたと思うよ。どんな相手にも合わせられたのは、俺の他には馳くらいだったろうね。

その馳とは12月14日の大阪府立体育会館大会で再戦している。この時は前回とは逆にムタが大流血したけど、馳との試合は不思議と常にスイングしていたよな。

そして、ムタはＩＷＧＰ王者として年明けの1月４日の東京ドーム大会にも登場した。カードは前年の『第２回Ｇ１クライマックス』で優勝し、ＮＷＡ世界ヘビー級王者にもなった蝶野とのダブルタイトルマッチだったよ。

これも記憶が薄いんだけど、ムタは前年の暮れにＷＣＷに遠征して、蝶野のＮＷＡ王座に挑戦しているんだ。12月28日にＷＣＷの『スターケード』があって、その大会にムタも蝶野も参加してね。「バトルボウル」という変則的なバトルロイヤルをやったんだよ。

16人参加で、まずクジ引きをしてタッグを８チーム作って、ムタはバリー・ウィンダムと組んだんだ。それからタッグマッチを４試合やって、勝ったチームの８人で最後はバトルロイヤルをやるという複雑な形式だったよ。

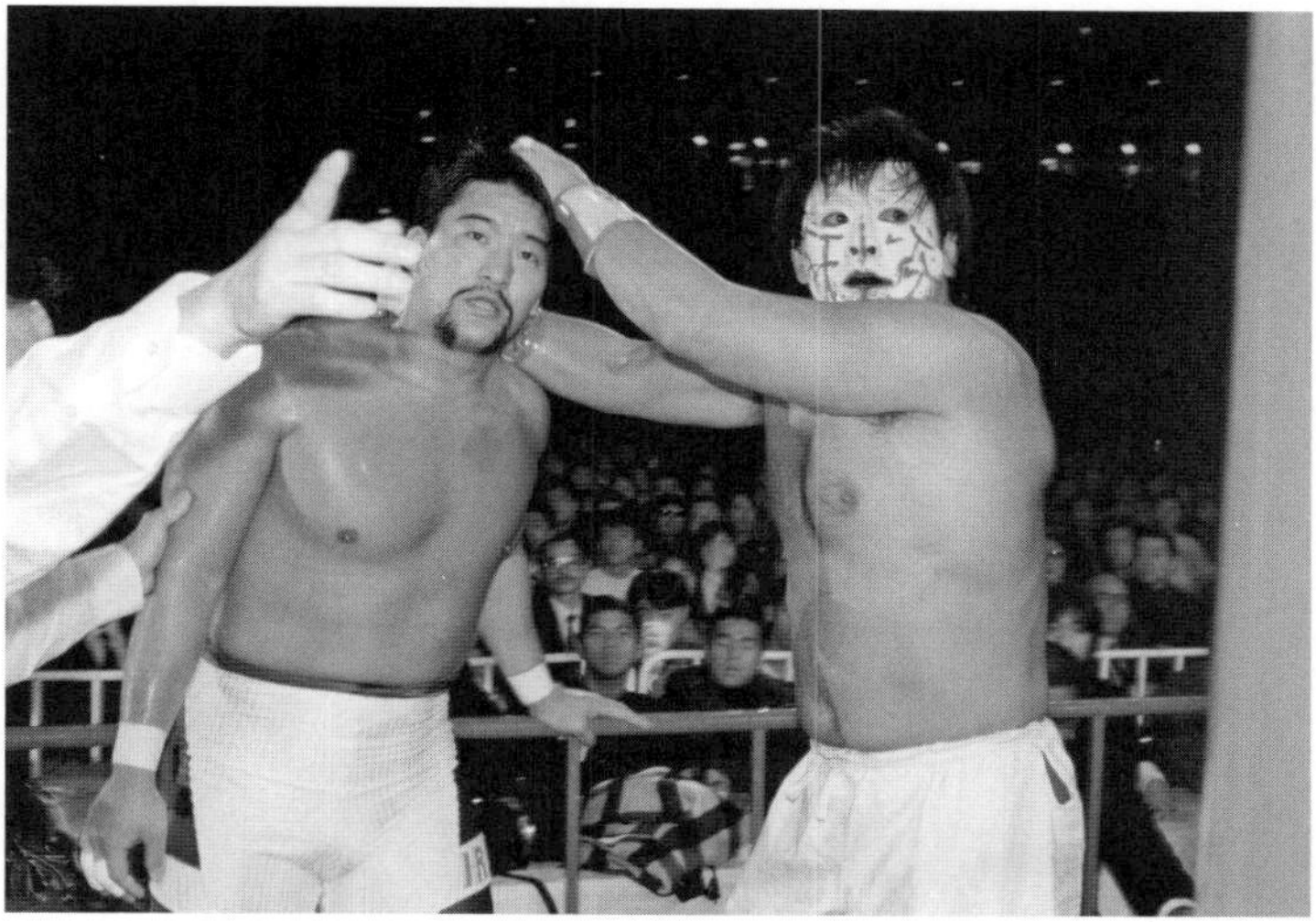

この「バトルボウル」で、ムタが優勝したんだ。ちなみに、新日本からは他に佐々木健介や獣神サンダー・ライガーも来ていたよ。WCW勢ではビッグバン・ベイダーやスティング、スティーブ・ウィリアムス、ダニー・スパイビーなんかも出ていて、年間最大のイベントなだけに豪華な顔ぶれだったね。優勝者は野球の優勝チームみたいに、チャンピオンリングをもらえるんだ。

蝶野とのNWA世界ヘビー級王座を懸けたタイトルマッチは当日、タッグマッチとバトルロイヤルの合間にやったんだよ。だから、この日は3試合もやったわけだけど、つくづく若い頃はよく働いていたと思うよ。この時の遠征には女房も連れて行っている。仕事というよりは、ハネムーン旅行みたいな気分だったかもしれない。

まあ、この頃の蝶野はチンタラしているというイメージだよな。2年連続でG1クライマックスを制覇して、〝夏男〟なんて呼ばれていたけど、おそらく本人としてはいろいろ悩んでいた時期だと思うよ。蝶野も俺も橋本も、みんなまだ若かったからね。

1月4日の東京ドームでの再戦は、ムタの試合というより武藤敬司っぽい内容になった。映像を見返すと反則はほとんどしていないし、試合後に勝ったムタは坂口さんに手を挙げてもらっていたりするしね。

蝶野とも若い頃から試合をやりまくっているから、意外とやりづらいところがあったよ。たぶん、武藤敬司も含めて、いい試合だと言われるのは橋本との対戦の方が多いと思う。やっぱり、橋本との試合の方が内容も締まってくる可能性が大だったからね。逆にこの頃の蝶野なんかは手が合いすぎて、試合もナアナアになって、つまらなくなっていた可能性が高いよ。

このダブルタイトルマッチなんて、本来なら絶対にメインイベントになるカードだよな。でも、このドーム大会は長州力vs天龍源一郎のシングルマッチがメインなんだよ。要するにダブルタイトルマッチという冠を付けても、ムタvs蝶野はドームのメインを張れるカードじゃなかったということだ。三銃士がブレイクしていたとはいえ、まだまだ会社からの信用は完全ではなかったということだよ。

ちょうど天龍さん率いるＷＡＲとの抗争が始まった時期だけど、俺もムタもそこにはほとんど絡んでいない。天龍さんと本格的に絡むのは、ずっと後のことだよ。この時期は、橋本が天龍さんを追いかけていたしね。

ムタにしても、ハマる時はハマるんだ。ただ、この蝶野との試合を見ると、ほとんど武藤敬司と一緒だから、まだ迷っていたんだよな、ムタも。

このダブルタイトルマッチに勝利して、ムタはＩＷＧＰとＮＷＡの２冠王者になったわけだけど、２月21日にまたＷＣＷに行って、バリー・ウィンダムとＮＷＡ王座の防衛戦をやって負けている。この時の遠征は、２泊くらいの強行スケジュールだったから大変だったよ。

この後、ムタに大きな舞台が用意された。５月３日の福岡ドーム大会で、あのハルク・ホーガンとのシングルマッチが組まれたんだよ。

当時、俺はあまり意識していなかったんだけど、この時期のホーガンはＷＷＦ世界ヘビー級チャンピオンなんだよな。本来なら、ＷＣＷと提携している新日本のリングには上がれないと思うんだよ。

でも、ホーガンは特例で自由に動けたみたいでね。ホーガンと親しかったマサさんやタイガー服部さんといった人たちが交渉力を発揮して連れてきたんだ。

結構、ギャラもかかっていると思う。ＷＷＦはＳＷＳと業務提携していたけど、そのＳＷＳが前年に崩壊したから、その隙をついての契約だったらしい。まあ、マサさんとホーガンが友人関係だったというのが大きいと思うよ。それを考えると凄い人だったよな、マサさんは。

ホーガンとは、これがほぼ初対面だった。厳密には、若手の頃にホーガンが来日して一回だけ会ったことはある。でも、猪木さんとの試合で暴動が起きた時だったからね。それに向こうは、デビュー前の新弟子のことなんか憶えていなかっただろうしさ。

なぜホーガンの相手にムタが選ばれたかというと、ハッキリ言ってしまえば、これも「信用」だろうね。橋本みたいなデタラメな奴が相手だったら、おそらくホーガンも断っているよ。ムタだからこそ、ホーガンの相手ができたんだと思う。

こっちとしても、ホーガンの相手ができるなんて光栄だよ。あの人のアメリカでのステータスは、本当に超トップクラスだからね。

試合に関しても、ホーガンは日本でやる時は日本流に合わせてくる。この時は序盤で基本的なレスリングの攻防をやったけど、あんな動きはアメリカではやらないからな。というよりも、アメリカではああいうレスリングをしなくても試合が成立してしまうから、やる必要もないんだ。

ホーガンはこの当時、新日本に来ていた大型の外国人選手とは一味違うよ。スコット・ノートンやトニー・ホームは、絶対にホーガンのようなプロレスはできない。

ところで、ホーガンと試合をした福岡ドームでは照明を設置するための縄梯子がそのまま出しっぱなしになっていた。俺は会場入りして、すぐにこの縄梯子に目をつけてね。実はスタッフに「そのままにしておいて」と頼んでおいたんだよ。試合の中でこれを使って、ターザン殺法をやるイメージが湧いたからね。前にも言ったけど、こういう物を利用するのがムタ流の戦い方なんだ。

ファンから見ると、ムタはそういう反則ばかりやっているイメージがあるかもしれない、で

も、日本ってやりづらいところがあるんだよな。理由は客がそういう荒れた試合を望まないというのもあるんだけど、ルールが厳格じゃないからね。
日本のプロレスは、あまりにも何でもありだよ。例えば、今のタッグマッチなんて、プロレスを初めて見る人なんかは理解できないと思う。今はすぐに4人がリングの中で入り乱れたりするよね。そういう人たちは、「4人同時に戦っていいの?」とか絶対に疑問が浮かぶはずだよ。そうかと思えば、急にまた1対1の局面に戻ったりさ。タッチをした、しないなんて、今やほとんど意味がないからな。
また話が逸れたけど、ホーガンとの試合を振り返ると、改めてプロレスは面白いなと思うよ。初対面同士の人間が縄梯子を使った攻防をするなんて、普通じゃ考えられないだろう。言葉も交わしたことがない2人で、この攻防を作り上げるわけだからね。

俺はこの試合で、ホーガンの信用を勝ち取ったと確信している。この後、9月26日の大阪城ホール大会では武藤敬司としてもシングルマッチをやってね。ホーガンと肌を合わせたことは、俺の財産だよ。

ホーガンとは、まだエピソードがあってさ。9月の大阪城ホール大会の後、俺はアメリカにまた行ったんだ。理由は忘れたけど、その時にたまたまタンパにいて、ホーガンがオーランドでドラマの撮影をしていると聞いたから挨拶に行ったんだよ。

凄く歓迎されたな。アメリカのドラマの撮影現場ってキャンピングカーみたいな車がズラッと並んでいて、そこが俳優たちの控室になっているんだ。そのスケールの大きさにも圧倒されたよ。

ホーガンなんて、ファミリーの一日を追いかけるテレビ番組とかあるからね。それだけスターだし、確かプライベートでエッチしているテープが流出して、裁判になったことがあるよな。その裁判で、日本円にして30億円くらい勝ち取っているんだ。それだけ金があれば、一生遊んで暮らせるんだから羨ましいよ。

日本のプロレスファンは、よくハルク・ホーガンとリック・フレアーを並ぶ存在として語ることがある。でも、アメリカに行けば、一般的な知名度はホーガンが圧倒的に上なんだ。フレアーの場合は南東部の方に行ったら知っている人も多いかもしれないけど、ホーガンは全米規模だからね。スケールが違うんだよ。

ホーガン戦の後には、WARにムタが初登場するというトピックがあった。5月24日の大阪府立体育会館で、相手はパパ。そう、グレート・カブキさんだ。これがムタの他団体初参戦になる。

カブキさんとは6月15日に新日本の日本武道館大会で、ムタが持っていたIWGP王座を懸けて再戦した。短期間でカブキさんと連戦したわけだけど、俺の中では「2回もやっていたのか?」という感覚があるな。それくらいこの2連戦は点ではなく線になっていたし、中身が凝縮されて濃かったということだよ。

ムタがカブキさんと実際に会うのは、この時が初めてでね。ムタにとってはパパだし、一番ゆかりの深い人だよ。だから、この試合で心がけたことはカブキさんを「殺しちゃいけない」ということだった。この人を殺したら、ムタも浮かばれないんだよ。だから、丁重に相手をした。

結果は初戦はムタの反則負けで、再戦はカブキさんの反則負け。後者は、ムタが珍しくノックアウトされた試合だよ。

カブキさんの真骨頂はなんといっても、あの血の噴射だよな。2回目の試合でムタがカブキさんの額をかち割ったんだけど、その額からピューッと血が噴水のように噴き出すんだ。あれは凄くインパクトがあったね。外国人が見たら、ビックリすると思うよ。

アメリカのテレビでは、絶対にやれない試合だよな。日本でもカブキさんの血の噴水が凄惨

過ぎると判断されて、テレビ朝日で問題になったらしい。当時は今みたいに放送コードが厳しい時代でもなかったけど、それでもNGになったんだから、今では絶対にあんなシーンはテレビの電波に乗せられないよ。

そう考えると、もしかしたらザ・グレート・カブキは現代向きのレスラーかもしれない。テレビよりもネットでプロレスを見るのが当たり前の時代だからね。YouTubeなんかで配信したら、インパクトがあって再生回数が伸びるかもしれないな。まあ、ネットのことはよくわからないから、YouTubeにも規制があるのかもしれないけどさ。

今になって思えば、こういう凄惨な試合になるとわかっていたら、3～4人くらいのレフェリーを用意していた方が良かったような気もする。レフェリーの多さで、客に「この試合は、とんでもないことが起きるかもしれない…」と思わせられるからね。そういう工夫をしておいた方が緊迫感がより強まるんだよ。

再戦の時は試合が終わってから、ムタがカブキさんにスリーパーホールドを仕掛けられてね。首を絞められながらムタが毒霧を吹き上げたんだけど、あれはいい絵だったな。カブキさんの血の噴水と同じように、みんなの心に残ったと思うよ。やっぱり試合の中で、どういう絵になるかというのは大事だからさ。あの毒霧はゴジラみたいだったね。

カブキさんの暴走や不透明な結末だったこともあって、会場もブーイングに包まれていた。いいブーイングだったよ。場合によっては、客がどう盛り上がっていいかわからない試合だってある。でも、カブキさんとの試合は見事にハマったと思うね。

新日本のブーイングには、たまに悪いブーイングもあるからな。消化不良の試合に客が怒って「金返せ！」と暴れたり、会場に火をつけられたこともあったよ。それは、そのプロレス自体を否定するブーイングだよな。そういう意味では、このカブキさんとの試合で出たブーイングは、いいブーイングなんだ。

とにかく、この時期のパパは元気だったよ。あの後、一度引退したけど、復帰して本当につい最近までリングに上がって、絞りカスまで絞りきったからね。近年は俺が主宰する『プロレスリング・マスターズ』に何度も呼んだけど、本人は「もういいよ。やりたくねえよ」なんて言うんだよ。そこを無理やり引っ張り出していたからな。

でも、なぜこれだけカブキさんと長い付き合いが続いたかというと、あの人もアメリカでプロレスをやっていたからだと思う。それはマサさんだったり、レフェリーのタイガー服部さんも一緒で、カブキさんとも話が合うんだよ。

プロレスのことを喋っていると、凄く共感する部分が多かった。やっぱり日本だけで育った人とは、話が合わなかったりすることもあるんだ。

例えば、アメリカのプロレスはストーリーを重視する。「なぜ○○と△△は戦わなきゃいけないのか？」という理由をきっちりと作り出すんだよ。

一方で、日本のプロレスはアクション重視だよな。戦う理由なんてものはあまり考えないし、この当時のムタみたいに、とりあえず集客がありそうだからという理由だけで、よくわからないカードを組むからね。もし利用するとしたら、選手同士のリアルな関係性くらいだよ。後にやるUインターとの抗争なんかは、その典型だよな。

それでオーバーすることもあるけど、ゼロから生み出すような能力が当時の日本のプロレス界、新日本プロレスにはなかった。

そういうことで考えると、ムタはカブキさんを利用したかもしれない。その一方で、カブキさんもムタが存在して助かった部分は大きかったと思う。ムタとカブキさんは、なんと言ったって〝親子〟なんだからな。ムタが誕生した時点ではカブキさんとは会ったこともなかったから、本当は関係性なんてゼロだよ。でも、アメリカで親子関係が作られて、それが日本のリングで役立ったというわけだ。

この後、IWGPチャンピオンだったムタは9月20日に愛知県体育館で橋本に負けて王座から陥落するんだけど、そんなことより重要な試合が組まれた。それから3日後、横浜アリーナで今度はホーガンとタッグを組むことになって、相手はホーク&パワー・ウォリアーのヘルレイザーズだよ。

このカードも、新日本の投げっぱなし体質がよく出たカードだな。ストーリーとかレスラーのキャラクターをまったく考えていない。絶対的ベビーフェースのホーガンと組んだら、ヒールのムタはキャラを守りようがねえよ。結局、客が入ればいいという考えしかないんだ。

改めて試合を見直すと、ホーガンは日本では汗を流すよな。よく動いているよ。アメリカでは、まったく汗なんかかかないのにさ。日本のファンがそうしないと満足しないってことがわかっているんだよ。

この試合がいい試合になるかどうかは、ホーガンとホーク・ウォリアー次第だった。この2人が頑張らないと、どう見てもダメになる試合だよ。なぜなら俺とパワー・ウォリアー、つまり健介が絡んでも面白くもなんともないからね。

だから、必然的にホーガンとホークの絡みに集中するよな。ホーガンだって、健介とはやりたくねえだろう。実際、試合開始から5～6分はホーガンとホークの2人だけでやっていた。そんな中でムタは、いい潤滑油的な役割を果たしていたと思うよ。

ホーガンとのシングルマッチに続き、ムタの一大ビッグマッチが1994年5月1日に福岡ドームで行われた。あの猪木さんとの試合だよ。

俺はあまり意識していたわけじゃないけど、この時期の新日本のリングでは世代闘争というのが繰り広げられていた。日本のファンは好きなんだ、そういうのが。

この年の1月4日の東京ドーム大会で、天龍さんが猪木さんにシングルマッチで勝った。その天龍さんに当時IWGP王者だった橋本がノンタイトル戦で勝って、あいつが新日本のエースみたいな路線になっていくんだよ。

それを受けて、長州さんと藤波さんと天龍さんが結託して、三銃士世代との闘争が始まるわけだ。でも、そんな中で猪木さんの引退ロードとなるファイナル・カウントダウンのスタートが発表されて、第1弾がアントニオ猪木vsグレート・ムタというカードだった。

猪木さんが引退すると聞いた時は、俺も若かったから「遂にか…」くらいの感想しかなかったと思うよ。実際、猪木さんも歳を取っていたしね。その時の猪木さんの年齢を超えた俺は、今でもプロレスをやっている。でも、あの頃はまだ若かったし、猪木さんが引退という道を選んだことを普通に受け入れたよ。

このファイナル・カウントダウンの一発目にムタが選ばれた理由は、特に会社から説明がなかった。猪木さんも何かしら、ムタの長所を見たところはあるのかな。俺の方からやりたいと言ったって、成立するカードじゃないからな。ただ、ひとつ言えるのは橋本なんかとは猪木さんは絶対にやらないよ。

その猪木vsムタのカードが発表されたのは、4月4日の広島グリーンアリーナ大会だった。その日、俺は武藤敬司として蝶野と組んで、長州&天龍と対戦したんだけど、まさに世代闘争的なカードだよな。メインでは、橋本vs藤波のIWGP戦も組まれていたよ。

でも、猪木vsムタというカードが発表されて、その世代闘争が吹っ飛んでしまった。それはムタの責任ではないからね。カードを組んだのは、会社だからさ。

この広島大会の試合で、天龍さんが俺に対して「ムタで来い！」と挑発したんだよな。それに応じて俺は途中で控室に帰って、ムタがリングに戻ってくるという展開になったんだ。まあ、猪木さんとの試合しかり、天龍さんの挑発しかり、やっぱりこの頃はムタの方が商品価値があったということだよ。

試合後にはリングサイドにいた猪木さんとにらみ合いになって、毒霧を吹きかけた。猪木さんはストロングスタイルがどうのうこうのと言うけど、やっぱりアメリカンスタイルの人だよな。だから、こういうストーリー作りはやりやすいよね。

猪木さんは、もうキャラクターが完璧に出来上がっている人だからさ。出てくるだけで、会場の雰囲気も出来上がってしまうよ。そういう意味でも福岡ドームでのファイナル・カウントダウンでは入場から、いい絵ができたと思う。

猪木さんが入場してくると、先にリングインしていたムタがロープを上げて、長い時間にらみ合いになった。入場曲も止まって、緊迫感のある、いいシーンになったよ。

この試合は、もう入場の時点で掴みはＯＫだった。場内がシーンと静まり返って、「静の試合」になってね。この入場時のムタと猪木さんで作った間って、長州さんとは絶対にできないからさ。

ムタと猪木さんによる「競技っぽくない間」だよな。長州さんはゴングが鳴ったら、すぐに相手を詰めにかかるからね。これはそんな人には絶対できない間だよ。

試合開始早々にムタが這いつくばった状態から猪木さんに向けて毒霧を吹いたけど、あれも掴みのひとつだよ。そうすることで、客が試合に集中するんだ。その後、グラウンドの攻防になって、ムタは何気なく猪木さんに卍固めを仕掛けているんだよね。これも客を惹きつけるテクニックだよ。序盤でチンタラやっていると、その空気を最後まで引きずってしまうこともあるからな。

こういう立合いができるレスラーは、少なくなったよ。プロレス自体が変わってきたこともあるけど、緊迫感のある立合いは重要だと思う。タックルひとつにしても、本物のタックルを持っている選手がやれば、そこに緊張感は出るからね。そういう本物を持ってないレスラーが

今は多いのかもしれないな。

　試合の途中で会場の照明が消えるけど、これは俺が前もって担当者に言って消させたんだ。この試合で俺が描きたかったのは、真っ暗な中でムタと猪木さんの動きを追いかけるようにピンスポットがリングに当たるという絵だったよ。

　だから、もう少し暗くなるかなと思っていたけど、意外にそうでもなかったという印象がある。ただ、映像で見直すと、薄暗い中で動き回るムタと猪木さんは、いい絵になったと思うよ。

　特に緑の毒霧と流血で汚れた猪木さんの顔面は良かったね。猪木さんの顔をあれだけ汚してしまえば、その時点でムタの勝ちだよな。さらに猪木さんはよだれも流して、いい感じの仕上がりだったと思う。

　ただ、猪木さんは糖尿病だから、その影響で流血しても、すぐに血が固まっちまうんだよ。そこが難点といえば、難点だったね。でも、染まった色が緑と赤で季節外れのサンタクロースみたいだし、あのクリスマスカラーは最高だったよ。

　この試合でも、ムタは照明用の縄梯子を使ったターザン殺法をやった。あれは柔らかいから、実は登りづらいんだ。この日のムタも自由気ままに動き回っていたし、俺としてはいい試合だったなと今でも思うよ。試合の終盤ではムーンサルトプレスを連発して、ダメ押しでドラゴンスープレックスまで出した。

　映像を見ると、確かにムタがやりたい放題だよ。でも、猪木さんのパンチもいい味を出していたよな。あのパンチがまた痛えんだ。

この試合の後で猪木さんが怒っていたという話を聞いたことがあるけど、怒るエネルギーがあったら引退するわけがないんだよ。案の定、ファイナル・カウントダウンはカウントアップして、結局引退したのは、この試合から4年後だからね。

まあ、俺としては猪木さんとの試合は経験として大きかった。ホーガンもそうだけど、普通、俺らの世代のレスラーがこの世代のレスラーとシングルマッチなんて、なかなかできないからさ。

欲を言えば、ジャイアント馬場vsグレート・ムタをやってみたかったという思いがあるよ。馬場さんと試合をやるなら武藤敬司じゃなくて、やっぱりムタだね。馬場さんとは会ったことがないけど、どう考えても絵的に面白いと思うんだよ。

ただ、俺はやっぱり猪木イズムで育ったレスラーだな。猪木さんとムタの試合を見ていて、改めてそう思った。武藤敬司もグレート・ムタも、猪木さんと似たようなプロレスをやっているよ。

絶対に馬場イズムじゃない。だからこそ、馬場さんとムタの試合はやってみたかったという思いがあるんだ。

猪木さんと試合をした1994年も、何度かムタは新日本のリングに登場している。猪木戦の前には馳と組んで、長州&藤波と対戦したり、木戸修さんともシングルマッチで2度やったよ。これはこれで異色の顔合わせだったよな。

木戸さんとの最初の試合は、世代闘争とやらをやっていた4月11日の九州厚生年金会館で、テーマとしては猪木戦の前だから強いムタを見せないといけない。だから、好き勝手にやって4分くらいで反則負けだった。

木戸さんとは、この年の9月26日に神戸ワールド記念ホールで2回目のシングルをやっている。この神戸の試合って、本当はライガーとやるはずだったんだ。でも、ライガーが怪我をしたから、代わりになぜかまた木戸さんが出てきたんだよ。

確か木戸さんの顔面に毒霧を吹いたら、数日間、喋ってくれなかったという記憶があるな。木戸さんはピシッと決まった髪型を見ればわかるように、身だしなみに気を遣っていた人だからね。顔が汚れたのは嫌だったんだろうな。

年が明けて1995年2月8日、仙台市体育館では身長が2メートル30センチの大巨人エル・ヒガンテとのシングルマッチが組まれた。これも特にストーリーのないキャラクター対決だったよ。

この日、ムタは普通にやったら届かないから、イスの上に乗っかって毒霧を吹いた。毒霧をTPOに合わせて吹くというのは、こういうことだよ。それにヒガンテのように特徴のある相手だと、やっぱり試合でインパクトが残しやすい。

このヒガンテ戦の後、武藤敬司自体が試合を休むことになった。理由は「スランプ」でね。その後、復帰してから5月3日の福岡ドーム大会で橋本に勝って、初めて武藤敬司としてＩＷＧＰ王者になったから、こうなると必然的にムタはしばらく姿を消すことになる。

その後は夏のＧ1クライマックスで初優勝したり、10月9日の東京ドーム大会でＵＷＦインターナショナルの髙田延彦さんとの試合があったから、振り返れば1995年は武藤敬司がオーバーした年になるのかな。初めて武藤敬司がグレート・ムタに勝った年だったと思うよ。

この年はＩＷＧＰのベルトを獲った直後、5月21日にムタがまたＷＣ

Wに行って、ポール・オンドーフと試合をした。なぜかIWGPのベルトも持っていって、おそらく非公式ながら防衛戦ということだったと思う。

オンドーフは前田さんの凱旋試合で秒殺されたイメージが強いかもしれないけど、悪い選手ではないよ。体もマッチョで、見栄えも良かったよな。ただ、頚椎かどこかを怪我した影響で片方の腕が細いんだよ。その代わりに、もう片方の腕は凄かった。

オンドーフは引退してからもWCWでパワープラントのコーチやエージェントをやったりしていたんだ。2000年にムタがWCWに移籍した時は、彼がマッチメークとかをやっていたな。

この年の暮れに、珍しくドイツにも遠征しているよ。たった1試合だけど、オットー・ワンツのCWAという団体に参戦して、ジム・ナイドハートとシングルマッチをやったんだ。ただ、ドイツには「グレート・ムタ」として呼ばれたんだけど、素顔の武藤敬司として試合をするという海外では珍しいパターンだった。この時も女房を連れて行って、その後はギリシャやエジプトを観光できたし、ほとんどバカンスみたいな遠征だったな。

俺は1996年1月4日に東京ドームで髙田さんに敗れて、IWGP王座を失った。こうなると、グレート・ムタの出番だよ。

ムタの再登場は4月29日、東京ドームでの新崎〝白使〟人生戦だった。約1年ぶりの降臨で、メインで橋本が髙田さんからIWGP王座を奪回した大会だよ。

この試合からムタのコスチュームは、かなり派手にグレードアップした。入場シーンを見て

もらえばわかるように、角の生えた鬼の面を被って、肩にも龍を乗っけていたり結構凝った作りになっている。これはもちろん俺のアイディアで、自分のイメージをデザインしてもらったんだ。

この前年の8月に、ムタの試合だけを特集したビデオが発売されているんだよ。それが第2弾だったんだけど、『BRITH of MUTA』というSFXを駆使したイメージ映像が収録されていてね。ムタが魔界の繭みたいなところから生まれて、狼と鬼が混ざったようなバージョンにチェンジして敵と戦うという内容だった。

この撮影をするために、わざわざ日本からハリウッドまで飛んでね。

当時、アメリカの仮面ライダーみたいな映画があったらしくて、そのセットを壊す前に使えることになったからＳＦシーンを撮影しに行ったんだ。

撮影自体は大変だったよ。ハードスケジュールで、３日間くらい寝ないで撮影しなきゃいけなかったからさ。カメラなんて、ずっと回しっぱなしでね。向こうは組合のカメラマンとかを使わなきゃいけないんだけど、途中でそいつが逃げちまうくらいハードだった。

この撮影では特殊メイクをしてもらったり、ＳＦＸ的なことをいろいろ体験したんだ。しかも、いい出会いがあってね。プロデュースしてくれた和田卓也さんという人との出会いは大きかった。この人は俺が１９９６年に出演した映画『妖獣伝説 ドラゴンブルー』という作品の監督もしていて、後に代々木アニメーション学院の学院長も務めたんだけど、こういう出会いや体験が後に俺がスキンヘッドになってからの新たなムタの創造に繋がってくるんだよ。

人生戦から入場コスチュームがグレードアップしたのも、このＳＦＸ撮影の体験が活きている。だから、後年にムタがラバーマスクになり、どんどんルックスが禍々しくなっていく原点みたいなものが、この人生戦にはあるんだ。

出会いがもたらしてくれた進化によって一発作ったら、やっぱりエスカレートしていくわけであってさ。それが今のムタにすべて繋がっているんだよ。

ムタがこういう進化を遂げた理由は、相手が新崎人生だったからというのもある。彼のようなキャラクターの強い選手とぶつかり合いになった時は、きっとそういう発想になるんだと思うよ。俺もムタも負けず嫌いだからな。

その人生だけど、この試合まではそこまで詳しくは知らなかったんだ。みちのくプロレスの選手で、アメリカのＷＷＦに上がって、〝ハクシー〟というリングネームでジ・アンダーテイカーなんかと抗争していたということくらいは知っていたけどね。試合の映像は見たことがなかったし、誰かの首を持っている写真を雑誌か何かで見たことがある程度だった。後に人生と話をした時に聞いたら、あいつは「ムタと戦えるんだったら」ということで、ＷＷＦを辞めて日本への帰国を決意したらしいよ。

この時代の日本のプロレス界はメジャー団体とインディー団体の間に垣根があったし、俺の中にも少なからずインディーに対する偏見はあったと思う。でも、人生との試合は凄く面白かったという記憶があるんだよ。

たまたま、あいつが卒塔婆

を持ってきたのが功を奏したよな。あれを見つけた瞬間、「いい材料がある」という閃きが生まれた。

ムタが人生の頭をかち割って流血させ、その血を使って卒塔婆に「死」と書いてね。あのシーンが試合にインパクトを生んだよ。卒塔婆って、やっぱり死と直結するイメージがあるからな。まだ流血もOKな時代だったし、いい閃きだったと思う。

ただ、後で試合を見たファンからムタが「死」という文字の書き順を間違えたなんて指摘があってね。間違っていないと思ったんだけど、どうやら最後のところだけ違っていたらしい。まあ、ムタは書き順なんか意識しないからな。

それよりもやっぱり卒塔婆を折っちまったことで、「何か悪いことが起きないかな?」というのは試合後に気になったね。だから、帰りは安全運転で帰ったよ。もしかすると、交通事故に遭うかもしれないなんて考えちゃったからさ。

改めてこの試合を見直すと、今の時代のプロレスに近いことをやっているよ。たぶん、こういうキャラクターがぶつかり合う試合って、今のプロレスの走りだと思う。当時の先輩方は、こういう試合はやらなかったからね。

そこは人生もそういうプロレスをアメリカで経験していたのも大きいよ。もちろん、今だと道着の帯を使って首吊りをするとか許されないかもしれない。でも、流血ってやっぱり面白いと思うんだ。見ている人も、顔面から血が流れている方が興奮するだろうしね。

当然、流血だって意味のあるやり方をしないとダメだよ。インパクトだけを求めて、意味を

なさない流血をやる選手もたくさんいるからな。特に日本では、あまり意味のない流血が昔から多かったよ。

人生に関しては、後に俺が作った『ＢＡＴＴ』というユニットの一員にもなったし、付き合いは長い。それはマサさんやカブキさんと一緒で、アメリカでやっていた人間同士で共感し合えるところがあったからだよ。

アメリカでアンダーテイカーと抗争するなんて、そうそうできることじゃないからな。それにこいつも自分のキャラクターは絶対に崩さないし、そこは大したもんだと思うよ。しかも、この出会いが後に黒師無双という俺の第３のキャラクターを生むわけだからね。

リングでの出会いって、大事なんだよ。俺自身は、こういう出会いをプラスに広げていくタイプだからさ。点で終わらせるより、それを線にして伸ばしていくタイプ。武藤敬司もグレート・ムタも、そうやってずっと生きてきたんだ。

この１９９６年は、秋にムタにとって大きな試合が２つあった。まずは10月11日にやった天龍源一郎戦だよ。

これは新日本プロレスじゃなく、ＷＡＲの大阪府立体育会館大会で組まれたんだ。集客に関しては、今でもこの会場のレコードとして残っている。チケットが売れまくって、増席までしたらしいからね。

この試合まで、天龍さんとはほとんど絡んだことがなかったよ。それこそ猪木さんとの試合の前、広島でのタッグマッチくらいでね。

天龍さんといえば、当時は橋本の担当だからな。そこにあえて俺が無理に絡んでいってもしょうがないと思っていたし、後に自然な成り行きでガッツリ絡むようになったけど、この頃はあまり意識する存在ではなかったのは確かだよ。

そんな状況でいきなりシングルマッチを組まれたから、正直に言えば、それほど気が乗って臨んだ試合じゃない。でも、実際に肌を合わせてみて、やっぱりこれまでやってきた先輩方との違いは如実に感じたな。

長州さんも藤波さんも、本当にせっかちだからさ。プロレス自体もそうだけど、人間としても病的にせっかちだよ。これは新日本の先輩方の特徴なのかもしれないね。その点では、天龍さんは間がいいんだ。間を大事にする人だよ。新日本の先輩方とは、やっぱり育ちが違うんだ。

正直、俺の感覚からすれば動きは鈍臭い部分がある。でも、後に対戦した時に、俺に対抗してシャイニングウィザードや雪崩式フランケンシュタイナーをやったりする人だからね。鈍臭いフォームなんだけど、それが凄く味があるんだよ。そこに客も共鳴するんだ。

それとプロレス頭がいいというか、突拍子もないことをいつも考えているよ。この試合でも手でムタの口を塞いで、毒霧を防御したんだ。ああいう発想は、長州さんや藤波さんにはないよ。

プロレスの考え方が俺と似ているかどうかはわからないけど、天龍さんとは後に武藤敬司としての試合でプロレス大賞のベストバウトを受賞しているから手は合うんだろうな。

それと天龍さんは反骨精神が凄いよね。これも後年の話になるけど、俺が全日本プロレスに

移籍してから、しばらくの間は同じ釜の飯を食っていた。その時期、地方に行って客が入らないガラガラの会場でも、天龍さんはあえて激しい試合をしていたからね。こういう時に限って、プランチャみたいな普段はやらない技をやるのが天龍さんなんだ。

新日本で育った俺らなんかは、「ガラガラなんだから、そんなことしなくていいだろう…」なんて思っちゃうからさ。でも、天龍さんは客席がガラガラの時こそ印象に残るような動きをしてみせたり、激しい試合をする。そこにも新日本と全日本の育ちの違いを感じたし、天龍さんの反骨精神のなせる技でもあるよな。

まあ、WARでの試合は結構、ムタがやりたい放題やったと思う。何しろアウェイだからね。当たり前だけど、ヒールはアウェイの方がやりやすいよ。ホームの選手は自然とベビーフェースになるわけだから、こういうシチュエーションだとムタがより活きるんだ。

天龍さんをビール瓶で殴ったり、その破片を額に刺したり、額から流れ出た血でセコンドに付いていた荒谷望誉のTシャツに「死」の文字を書いたり、いろいろ好きにやったよ。天龍さんをテーブルの上に乗せて、ムーンサルトプレスもやったしね。

とにかく、この試合は面白かった。試合の中で印象に残る絵を残そうとする考え方も、もしかしたら猪木さんや俺、天龍さんの中で共通しているところなのかもしれないね。

天龍戦の9日後、10月20日は神戸ワールド記念ホールで獣神サンダー・ライガーとの試合だった。前にも書いた通り、ライガーとの試合は一度流れていたから2年越しの実現だよ。

素顔のライガーとは、武藤敬司としてヤングライオン時代に試合をさんざんやっているけど、

マスクマンのライガーと戦ったのは、この時が初めてだった。

ストロング・マシンの時と同じでライガーという選手はキャラクターも完成されているし、マスクを被っている時点で材料が揃っているから、ムタとしては非常にやりやすい相手なんだよ。しかも、この試合でライガーはマスクを破ったら、その下にペイントをしていて、コスチュームの下にボディペイントまで施していた。それがこの試合のミソだったよ。

ライガーがここまでしたというのは、やっぱり相手がムタだったからというのがあると思う。それにこの年からムタのビジュアルは派手さが増してきたからね。ライガーもムタに負けまいと感化されたってことだよな。みんな俺に追随し始めたってことだよ。

そういう意味では、新日本の中で許容されるプロレスの枠が広がってきたんだ。この流れの中に、今の新日本や他の団体がやっているプロレスもあると思うよ。もしかすると、猪木さんが作ったストロングスタイルを少しずつ壊しちゃったのがムタなのかもしれない。

でも、その猪木さん自身がムタの毒霧を食らって顔面を汚しているんだからね。自分でやっておいてなんだけど、ストロングスタイルというものがどんどん壊されていった時代だよ。ただ、こういう流れにしたって、いっぺんに広がったわけじゃないからね。やっぱり武藤敬司としての下積みもあったし、ムタと武藤の両面で少しずつ浸透させていったからこそ、徐々に受け入れられるようになったわけだからさ。

どこの馬の骨ともわからない奴を引っ張ってきて、同じようなことをやろうとしたって、うまくいかないよ。プラス、飽きられちまう。普段は武藤敬司がプロレスにどっぷりと浸かっているから、ここぞという時のグレート・ムタがインパクトを残すんだよ。

日本のプロレス界は輪島大士さんや北尾光司、あるいは小川直也のように他ジャンルから鳴り物入りでデビューした人たちがいたよ。でも、みんな通りすがりで終わってしまったよな。一時的なインパクトは残せても、プロレスを浸透させたり、許容される枠を広げるという作業は彼らにはできないよ。

それに対して、俺はいまだにプロレスにどっぷりと浸かっているからね。自分がメシを食う畑は、ずっと大事に耕しているからさ。常に耕していかないといけないし、ちゃんと耕しているからこそ少し外れたこともできるんだよ。

そういった中でのライガー戦だったけど、俺は彼の気性の荒さを考えると本当はあんなマスクはいらないんじゃないかと思っていた。だから、もし『プロレスリング・マスターズ』が再開することになったら、やりたいのはリバプールで風になったとかいう山田恵一の凱旋試合なんだよ。

素顔時代のライガーは表情も豊かだったし、「マスクを被ってるのは、もったいねえな」と常々思っていたんだ。確かにライガーはマスクを被っていても、客に感情は伝わっている。そういう凄い表現力を持っているよ。だけど、マスクを被っていない方が違った意味でカリスマになっていた可能性は否めないよな。

それと獣神サンダー・ライガーって、やっぱりアニメの原作者の永井豪さんが作ったキャラクターだからね。ムタはカブキさんの息子というキャラクターはあったにしても、俺がイチから作ったレスラーだからさ。そういう出来合いのものをやっている部分に、ちょっとだけつまらなさも感じるんだよ。

でも、ライガーというキャラクターを完成させたのは他ならぬ本人だからね。だって、タイガーマスクは初代以降、2代目や3代目が出てきたけど、4代目以外は長続きしなかった。やっぱり出来合いのヒーローをやるのは難しいし、続かないよ。

ライガーの場合は、原作のアニメ自体がそんなに有名じゃなかったというところが功を奏している可能性もあるよな。だって、世間的にはプロレスラーのライガーの方が知名度は上だからね。原作を超えたという意味では、素晴らしいレスラーだよな。

年が明けて1997年1月4日の東京ドーム大会では、パワー・ウォリアーと試合をやっている。要するに、佐々木健介なんだけどさ。これもライガーと同じで、やっぱり人のキャラクターを使っているんだよな。元はご存じの通り、ロード・ウォリアーズだからね。

たぶん、ムタみたいなキャラクターが受け入れられたから、会社は健介にペイントをさせてウォリアーズのキャラクターにしたんだろうな。ただ、隣にホーク・ウォリアーがいれば成立したかもしれないけど、ピンのパワー・ウォリアーだと難しさがあるよ。後にカミさんの北斗晶がマネージャーとして絡んできて、そうなってくるとまた違うんだけどね。

それとパワー・ウォリアーって、健介との違いがないんだ。グレート・ムタを日本でやっていくにあたって、俺が最初に悩んだのがそこだからね。まあ、あいつはそれで良かったのかもしれないけどさ。

この当時はヘルレイザーズも一段落して、健介個人としての活動が中心になっていた。それでもこのキャラで出番が来たということは、やっぱりムタが成功しているという事実が大きいと思う。二匹目のドジョウじゃないけど、会社はそう考えていたはずだよ。

ムタはムタで、またひとつ進化している部分があってね。見ている方は気付きにくかったかもしれないけど、このパワー・ウォリアー戦では二重ペイントをしているんだ。通常のペイントが剥がれると、下から口裂けみたいなペイントが出てくるという仕組みでね。だから、ここはあえて自分でペイントを剥がして、もうひとつの顔を晒したんだ。

例のロスでのSFX撮影を経てペイ

ントの質も変わってきて、だんだん剥がれにくいものが出てきた。それまでの普通の絵画で使うような素材でペイントしていたけど、この時は粘着力が強い素材を使用しているんだよ。

やっぱり、試合の中で何か印象を残したいと思ってやっているからね。それを考えるのが俺たちの仕事だし、この試合だとそれが二重ペイントだったのかもしれない。もちろん、今までやってきたことの中には無駄も多いよ。ただ、無駄だろうが何だろうが、その積み重ねがレスラーとしての幅に繫がっていくからさ。チャレンジすることは、悪いことじゃないんだ。

だから、よく当時はムタにしても俺にしても、花道でのランニングラリアットというのをやっていたよな。今考えると、バカなことしていたなと思うよ。だって、あれは自分が疲れるだけだからね。でも、ドームという広い空間で試合する場合は、こういった動きをすると会場が盛り上がる。だから、バカみたいに花道を走っていたんだよ。

こういうことをフィニッシュホールドでやっていたのが、たぶん猪木さんだよ。聞いたところによると、猪木さんは昔、大きな試合のフィニッシュホールドをいつも変えていたらしいからね。試合で印象的な絵を残そうという考えは、やっぱり猪木イズムなんだろうな。

それに猪木さんのフィニッシュホールドの延髄斬りや卍固め、スリーパーホールドにしたって、俺から言わせればファンタジーな世界だよ。そこはムタの毒霧と変わらないと思う。

話をパワー・ウォリアー戦に戻すと、この頃の健介はトップを目指して俺たち三銃士を目の敵にしていたみたいだね。ただ、面白いもので、橋本は猪木さんに憧れていたから、猪木さんを観察して悪いところばかり真似るんだ。一方の健介は長州さんに憧れていたから、長州さん

の悪いところばかり真似る。橋本と健介はいがみ合っていたけど、やっていることは同じだったよ。

2月16日には、両国国技館で越中詩郎さんとの試合が組まれた。越中さんはこの頃、足を怪我して長期欠場中でね。その復帰戦の相手がムタになったんだけど、「なんで越中とやらなきゃいけないんだ?」、「負けたら平成維震軍に入る」とか言っていた。

だから、この試合のムタは不機嫌モードなんだよ。それを表現するために、入場時は頭巾もガウンも着ていないんだ。珍しく、そのまま入場したんだよ。いつもは凝ったコスチュームで入場しているから、何もしないことで不機嫌なムードを漂わせている。

だから、いきなり平成維震軍の旗を折って、挙句の果てには毒霧まで吹きかけた。この一戦の最大の見所は、そこだったよ。だから、試合自体はあまり印象に残っていない。

この越中戦の試合後に蝶野たちが入ってきて、ムタはｎＷｏに勧誘されるんだ。ｎＷｏというのは知っている人も多いと思うけど、当時ＷＣＷで結成されたヒールユニットだよ。前年の夏頃に、ハルク・ホーガンがＷＷＦから移籍してきたケビン・ナッシュやスコット・ホールと合体して誕生したんだ。

蝶野が１９９６年の暮れにＷＣＷへ行って、ｎＷｏのメンバーになってね。あいつは当時、新日本を離れてＷＣＷに行きたがっていたからさ。その話を猪木さんに直接したら、反対されたんだよ。蝶野の女房はドイツ人だから、もしかしたらそういう影響もあったと思う。ドイツ人は、日本よりアメリカの方が住みやすいだろうからね。

そのｎＷｏを日本に持ち込んだのが蝶野だった。あいつは１９９４年から黒をイメージカラーにして、ヒールに転向したよな。それまでは三銃士の中で、レスラーとしてのカラーは若干弱かったと思うよ。Ｇ１クライマックスで2連覇したこともあったけど、レスリングで突出した武器を持っていたわけじゃないしね。その中でのヒール転向という判断だったと思う。逆に言ったらカラーが弱かった分、ヒール向きだったかもしれない。

それに世の中がダークヒーローを求める時代になっていたよ。ムタが求められたのも、そういう時代背景があるのかもしれないし、そこにハマったのが蝶野だったんだろうな。あいつは当然、IWGP王者になった俺や橋本のことは意識していたと思う。蝶野が俺たちみたいにトップを目指す欲があったかどうかは、わからないよ。もしかしたら、ヒールというポジションに移ったことでトップになってやろうという欲が出てきたのかもしれない。

海外発のユニットを直輸入したのは、日本のプロレス界でnWoが初めてだよ。正式には『nWoジャパン』なんだけど、プロレスのグローバル化の走りだし、アメリカと同時進行で日本でもストーリーが展開されるのは凄く画期的だったと思う。

確かに、今のプロレスもグローバル化しているよ。でも、nWoのようなアメリカと日本にまたがって連動しながら動くようなものってないよな。アメリカはアメリカ、日本は日本で独立しているよ。グローバル化したからこそ、逆に海外の団体は競合相手になったからね。

当時の新日本はWCWと業務提携していたから、nWoみたいな両団体が連動した活動ができた。そこはWCWのエリック・ビショフとマサ斎藤さんの関係も大きいし、また自画自賛になっちまうけど、ムタがアメリカで築いてきた信頼関係も大きいと思う。だから、nWoは物凄くスケール感が出たんだよ。

後にWRESTLE-1でアメリカのTNAという団体と提携して、同じようなことをやろうと思ったんだ。でも、結果的にこの時期の新日本とWCWのようなグローバル化はできなかった。俺は一生懸命にやろうとしたんだよ。実際に、TNAのPPVのビッグショーを後楽園ホールで開催したりね。

あれが成功していたら、面白い感じになると思ったんだけど、やっぱり考え方も違っていたし、コミュニケーションもそんなに取れなかった。非常に難しくて、当時のマサさんたちの凄さを実感したよ。

　話を戻すと、nWoのストーリーは蝶野が武藤敬司を勧誘してnWoのTシャツを渡したりとか、そんなやり取りをしながら3ヵ月くらい引っ張った。これもやっていて、面白かったよ。ああいう感じでストーリーを長く引っ張るのも、それまでの新日本ではなかったしね。その過程で、イリミネーションマッチをやった時に途中でムタになったりもしたしさ。

　転機は、4月12日の東京ドーム大会でムタが蝶野と一騎打ちをした時だった。この試合でムタが勝って、蝶野と握手を交わしたんだ。

　その後、今度はアメリカに飛んで5月26日にWCWでまたムタvs蝶野のシング

ルマッチが組まれたんだけど、この時はほとんど何もしていない。蝶野とは攻防をせずに、ムタが自分のセコンドに付いたサニー・オノオに毒霧を噴射したんだよ。要はWCWサイドを裏切って、nWoの蝶野と結託するという形だった。

このWCWでの蝶野との試合って、本当に何もしていないんだ。最初にヘッドロックをしただけで、すぐにサニー・オノオに毒霧だからね。ただ、これがアメリカのテレビマッチなんだよ。視聴者に伝えたいことが伝われば、それでOKなんだ。この時、伝えたかったのはムタのnWo入りだから、無駄な攻防はする必要がないんだよね。

そういう部分は、アメリカと日本のテレビ中継のあり方の違いも関わってくる。日本はテレビで一番いい試合、つまりビッグマッチのメインイベントやセミファイナルに組まれた試合を中心に流すけど、アメリカは逆だからさ。

アメリカのテレビ放送はあくまでもビッグマッチの予告編だし、いい試合なんて流さない。いい試合を見たかったら、会場に来たり、PPVを買ってくださいという世界だからね。トップレスラー同士の試合なんて、絶対にやらせない。もしそういうカードが組まれても、何かしら邪魔が入ったりして、すぐに試合がぶっ壊れたりするパターンだよ。

しかも、WCWはメディア王のテッド・ターナーの持ち物だったから試合がTBSやTNTという有名なチャンネルで放送されていたし、それこそヨーロッパでも流れていた。TNTなんて、俺はアメリカに行くたびに見ているよ。映画とかたくさん流していて、いいチャンネルなんだ。

ちなみにサニー・オノオというのはエリック・ビショフの友達で、中古車屋をやっていた日系アメリカ人。エリックに呼ばれてWCWに来たんだけど、空手をやっていたんだ。ビショフも空手をやっていたから、その繋がりなんだろうな。ただ、ムタのマネージャーとしてはあまり相応しいとは思わなかったな。

ムタがnWo入りして、日本で活動を始めるのは6月のシリーズからだった。武藤敬司としては6月5日の日本武道館大会で、橋本のIWGP王座に挑戦して負けている。その後、武藤は姿を消して、ムタがnWoの一員として活動するという寸法だよ。

それによって、地方巡業にムタが出るようになってね。その効果で客もたくさん入るように

nWo
new world Or

なった。毎日ペイントするのは面倒くさかったけど、凄く客が入っていた印象があるな。日本でもｎＷｏ熱が高まっていたし、同時にアメリカでも大きなムーブメントになっていたからね。

この時期、ムタはｎＷｏのメンバーとして、ちょくちょくＷＣＷにも行っていた。女房と生まれたばかりの子供を連れて、２〜３週間くらい行っていたこともあるよ。当時はフロリダのオーランドにあるユニバーサル・スタジオにテレビマッチ用のスタジオがあって、アトラクションのひとつとしてタダで客を入れて収録をしていたんだ。

向こうに行ったらＷＣＷはいいアパートを用意してくれたし、気持ち的にはほとんどバケーションみたいなものだったよ。精神的にもアメリカにいた方が俺にとっては気楽だった。その合間にＷＣＷのリングでザ・ジャイアント、つまり現在のビッグ・ショーとも試合をやっているんだよね。

当時のアメリカのプロレス界は、ＷＷＦとＷＣＷの２大メジャー団体が覇を争っている時代だった。〝マンデーナイトウォーズ〟なんて呼ばれていたけど、毎週月曜日にＷＷＦが『マンデー・ナイト・ロウ』という番組を放送していて、それに対抗してＷＣＷが『マンデー・ナイトロ』という同じような名前の番組の放送をぶつけたんだ。その視聴率戦争が激しかったよな。

この時期はｎＷｏ人気で、ＷＣＷが圧倒的に優勢だった。おそらく、この辺がＷＣＷのピークだよ。俺も向こうに行った時、ホーガンやデニス・ロッドマンとディナーを共にしたことがあるからね。

CAUTION
nWo

MONDAY
NITRO

ロッドマンってバスケットボールのＮＢＡのスーパースターだったけど、その頃はＷＣＷに上がっていたんだ。つまり、それだけＷＣＷに力があったということだよ。まあ、俺は英語が喋れないから、どんな人かはよくわからなかったけど、みんなで一緒に記念撮影したのは憶えている。

俺が若い時分にいた頃とは、ＷＣＷも雰囲気が変わっていてね。ＷＷＦのエースだったホーガンもいれば、プロレスラーじゃないロッドマンもいるんだから、違っていて当たり前だよな。試合も訳がわからない団体戦みたいになってしまって、ムタも常に乱入ばかりしていたよ。

それにスティングがバットを持って出てきたりしてね。天井から降りてきたかと思えば、リングから穴を空けて出てきたこともあった。あいつ、１年くらい試合もしないで、そんなことばっかりやっていたよ。

この頃からスティングって、白塗りのペイントにしたんだよな。何年か前にボルチモアにサイン会をしに行ったら、スティングも一緒だったんだ。その時はｎＷｏ登場以前の青、白、赤のペイントをしていたよ。その時代のスティングのファンがたくさんいるんだ。だから、昔のペイントをすることによって、サイン会のギャラを跳ね上げているんだよ。そういうところを見ると、あいつもやっぱりアメリカ人だよな。

この時期のムタはｎＷｏの一員とはいっても、ＷＣＷへ行けば、やっぱりゲストだよ。指示されたことをやるだけ。金魚のフンみたいに、みんなにくっ付いていた感じだよね。

一度、リングに上がったら凄くデカイ穴が空いていたことがあった。おそらくスティングが空けた穴なんだろうけど、ムタが気付かずに、その穴に落っこちてしまったよ。ホーガンたちに助けてもらったけど、みんな吹き出していたな。

あの頃は日本でもｎＷｏは盛り上がって、Ｔシャツが凄い売上げだった。新日本もあやかって闘魂Ｖスペシャルでｎｗｏ特集のビデオを出したし、それもよく売れたと思うよ。

日本に来ていたｎＷｏのメンバーは、みんな安くて呼び勝手のいい連中ばかりだった。元々新日本を主戦場にしていたスコット・ノートンもそうだし、バフ・バグウェルもｎＷｏスティングもそうだよ。要は日本用に作られたｎＷｏメンバーで、彼らはＷＣＷではそんなに深く関わっていないと思う。それにホーガンなんて、そう簡単には呼べないからな。

俺自身、ｎＷｏ時代は面白かったし、楽しかったよね。新日本はドーム興行を中心にやっていた頃で、長州さんや永島のオヤジが一生懸命にマッチメークを考えていたけど、〝神〟の一声でひっくり返されることもたくさんあった。でも、当時は小川直也を軸にやっていくような感じだったから、俺らｎＷｏは神の声が聞こえないところで好き勝手にやることができたよ。

その神のいたずらに、唯一関わってしまったのがムタvs小川直也の一戦だよ。小川は知っての通り、バルセロナ・オリンピックの柔道銀メダリストで、この年にプロレスに転向したんだ。デビュー戦の相手は橋本で、ムタと絡んだのは4戦目だった。

8月10日にナゴヤドームで試合をしたけど、それこそ〝神〟である猪木さんが特別レフェリーをやることになってね。もう、それでやることは決まっちまうよな。猪木さんに毒霧を吹いてしまえば、この試合はＯＫなんだよ。後で怒られたけどね。

　小川自体もまだ柔道着を着て試合をしていたし、ムタが好き放題にやれる材料が揃っていたということだよな。人生戦と同じで、帯なんてムタにとっては「これで首を絞めてください」と言われているようなもんだからね。最後は指を極めながらの腕十字固めでフィニッシュして、これも印象に残る、いい絵が作れた試合だったと思うよ。
　後に小川も橋本との遺恨で注目されるようになったけど、ムタとやった頃はまだ垢抜けていなかった。柔道着を脱いだのも、ムタとの試合の後だよ。あんなのはプロレスをやる上で、デメリットの方が多いと感じたんだろうな。
　新日本にしても、かつて北尾光司という失敗例があっただけに、小川に関しては慎重に扱っていた部分はあったと思う。

俺たち選手にしたら、こういう大きな波って巻き込まれたら損するだけなんだ。橋本がいい例だよ。

どの道、北尾にしろ小川にしろ、こういう人たちは一過性の波で過ぎ去っていくからね。彼らがどっぷりと業界に携わっていくなら取り戻すこともできる。でも、波に過ぎないから消え去っていくだけなんだ。巻き込まれると、橋本みたいに大変なことになるよ。そういう意味では俺や蝶野はｎＷｏに乗っかったことで、うまくやり過ごせたんじゃないかな。

結果的に当時の新日本のファンは、小川よりもｎＷｏを取ったんだよ。ムタも含めてｎＷｏはヒールなのにベビーフェース的な側面があったし、ダークヒーローみたいな感じでやりたい放題だったな。メンバーにはヒロ斉藤さんみ

たいに地味だけど、仕事ができる人もいたしね。こういう人は、ｎＷｏみたいなユニットには絶対に欠かせないよ。

武藤敬司が存在しない時期だったから、この年はＧ１クライマックスもムタで出場している。ＷＣＷから来たスティーブ・リーガルとスペシャルマッチをやったりもしたよ。

この１９９７年の大きなトピックは、長州さんが引退を発表したことだよな。８月31日に横浜アリーナで長州さんの引退記念興行があって、ムタは天山広吉、ヒロ斉藤さんと組んで、長州＆藤波＆天龍と戦った。

長州さんの引退については、「時の流れだな」と感じたよ。今考えると、決断が早いよね。だけど、なんとなく引退したがっている長州力というのも見え隠れしていたよ。最初のＧ１で全敗したり、引いていきそうな雰囲気は何年も前からあったからさ。

だから、引退が発表された時も、「もう疲れているんだろうな」くらいにしか思わなかった。たぶん、新日本の現場を引き締めて、ずっと安泰な王国を作れたら長州さんとしては良かったんだろうな。自分はリングから降りて、未来永劫そういうふうにするつもりだったんだと思うよ。

ｎＷｏのムタは３ヵ月くらいやっていたけど、９月23日の日本武道館大会では武藤敬司が戻ってきた。

この時は、ムタ＆蝶野vs健介＆山崎一夫というカードでね。その前からムタと蝶野の間がギクシャクし始めて、武藤が本隊に戻るんじゃないかという噂が立つんだよ。この日は誤爆で蝶野と仲間割れしてムタがバックステージに引っ込んで、オレンジパンツを穿いた武藤敬司がリングに戻ってきてね。これで本隊に戻るかと思いきや、健介たちを攻撃して改めて素顔の武藤としてｎＷｏに入るというストーリーだった。

それまで「ムタはヒールでｎＷｏだけど、武藤はベビーフェース」と匂わせていたから、これはインパクトがあったと思うよ。完全に武藤敬司というものを消していたのも良かったよな。

ムタから武藤に戻ったのは別にそういうリクエストがあったわけじゃないし、自然の流れだったんじゃないかな。アメリカでは毎日ムタでやっていたから、ペイントがちょっと面倒くさいだけで、しんどいという気持ちもなかったしね。

そこは人生の〝白使〟というキャラとは違うんだ。白使は全身にお経を書かなきゃいけないから大変なんだよ。あのお経をペイントするのに、もう一人呼ばなきゃいけないから経費がかかるんだ。

武藤敬司がｎＷｏ入りしたことで、しばらくグレート・ムタは姿を消すことになる。次に登場したのは、１９９８年8月8日の大阪ドーム大会。カードはパパであるカブキさんの引退記念試合で、相手は平成維震軍の後藤達俊さんと小原道由だった。

この試合で息子のムタは顔面に「ＳＯＮ」、「Ｇｏｏｄｂｙｅ ｄａｄｄｙ」とペイントしたけど、カブキさんは感激してくれたらしい。しかも、この時期のカブキさんは平成維震軍を離れていて新日本の契約選手ではなかったのに、大阪ドームという大舞台でメモリアルマッチを組んでくれたわけだからね。

結局、カブキさんとの親子タッグはこれが最初で最後になった。後にカブキさんが復帰して、WRESTLE－1や『プロレスリング・マスターズ』で組むこともあったけど、必ず他に誰かが入っていたからね。ムタにとっても、いい記念だったよ。

対戦相手の後藤さんと小原は当時、〝犬軍団〟として存在感を見せていたよな。平成維震軍が仲間割れして、2人がnWo入りしようとしたけど、最終的に拒否されたというストーリーだったと思う。

当時、俺と蝶野は黒いスプレーでIWGPタッグのベルトにnWoなんて書いたりしていて、あの2人の背中にも「犬」と書いてやったことを憶えているよ。どうして憶えているかというと、その件で「お前ら、人としてやりすぎだ！」と長州さんに怒られたんだよな。

小島聡なんかは、この時期にnWoに入ってきて仲良くなったんだよ。後に全日本プロレスに一緒に連れて行ったのも、そういう繋がりからだった。

ムタが次に登場したのは、1999年のグレート・ニタとの試合だよ。

前年から蝶野が首の負傷で欠場していてね。その間に、俺がnWoジャパンの主導権を握る形でユニットが分裂し始めたんだよ。蝶野はTEAM 2000というのを作って、このユニット同士の抗争が新日本のメインストーリーになっていた。

nWoはTシャツが異常に売れたんだけど、その権利は山本小鉄さんが社長だったリング屋の会社が持っていたのかもしれない。だから、Tシャツが売れたご褒美で叙々苑に連れて行ってもらって、選手やその奥さんたちも一緒に焼き肉をご馳走になったことがあるよ。

POWER ATHLETE

でも、それで終わりなんだ。Ｔシャツが売れたインセンティブは、俺たちには入ってこなかったね。俺はそれでも良かったんだけど、蝶野はそういったことに敏感だったからさ。それがＴＥＡＭ ２０００を作った原動力になったのかもしれないな。

それとＩＷＧＰタッグのベルトを持っていた時に、俺と蝶野のフィギュアが発売されたんだ。そのフィギュアのベルトの部分に「ｎＷｏ」とスプレーで書いたのを再現したら、ＷＣＷがイチャモンを付けてきたんだよ。だんだんｎＷｏでは商売がやりづらくなってきたのも分裂した背景にはあるよ。

そうした状況で、グレート・ニタとの試合が組まれたんだ。ご存じの通り、正体は大仁田厚さんなんだけどさ。

当時、新日本に乗り込んできた大仁田さんは引退していた長州さんとの対戦を目指していて、俺としてはニタも含めて眼中にはなかった。でも、大仁田さんと蝶野が東京ドームで電流爆破マッチをやった後、２人が結託して、俺と敵対する形になってしまったんだよ。

ニタといえば、やっぱり「ムタのもどき」という印象だよね。当時、俺は坂口さんに可愛がられていて、よく六本木で麻雀をやっていたんだよ。ある時、俺が遅れて着いたら、いきなり書類を見せられてね。有無を言わさず、「武藤、これにサインしろ」と言われて名前を書いたんだ。

これはグレート・ムタの肖像権に関する書類だったんだよ。要するに、そこにはニタみたいなもどきが出てきたから新日本としても肖像権を確保しなきゃいけないという事情があったたんだ。だから、俺に急いでサインさせたんだろうけど、この肖像権を確保するには凄い金がかかるんだよ。

でも、当時の俺の頭の中には新日本を辞めるなんて気はまったくなかったし、遅れて行ったから何も考えずにサインしちまったんだ。これが後に全日本プロレスに移籍した時に、ネックになるんだけどね。

まあ、ニタというキャラクターも微妙なところだよな。ちょっとコメディな部分があるけど、このキャラクターでコメディにしたらチンドン屋だよね。何のこだわりも持たずにコメディチックにやってしまったら、仮装行列と変わらないからな。

この後もムタのもどきみたいなのは、たくさん出てきたよ。ただ、このキャラクターは元を正せばカブキさんだからね。だから、パパはやっぱり偉大なんだ。ミスター・ポーゴさんにしても、桜田さんのケンドー・ナガサキもそうだよ。そこは致し方ないところはあるけどさ。この系列が田吾作スタイルに代わって、アメリカンプロレスにおけるジャパニーズレスラーの象徴になったわけだしね。TAJIRIやKENSOあたりまで、その流れだよな。最近になって、WWEの中邑真輔でやっと流れが変わったよ。

話をニタ戦に戻すと、長州さんを追いかけ回していた一連の大仁田劇場に関して、俺は完全に蚊帳の外だった。そんなものは興味もなかったし、自分に実害が来なけりゃいいと思っていただけだからね。だから、長州さんが復帰するという話にしたって、俺としては「どうでもいいや」と思っていた。

結局、長州さんが復帰したのは、やっぱり猪木さんもそうだけど、先輩方がバタバタと立て続けに引退したからだろうな。その影響で新日本のビジネスが少し落ちていたんだよ。それにK－1やPRIDEも盛り上がっていたからね。客があっち側に流れてしまったから、大仁田さんを上げたり、長州さんが復帰しなきゃいけない事情があったんだよ。

長州さんもあそこで復帰していなかったら、新日本を辞めていないと思うよ。絶対に辞めてないね。ヘタしたら、新日本の社長になっていたかもしれないよ。WJプロレスを作って失敗することもなかっただろうし、人生が変わっていたよな。

8月28日、神宮球場でのニタとの試合は「ノーロープ有刺鉄線バリケードマット時限装置付き電流地雷爆破ダブルヘルデスマッチ」という長ったらしい名前の試合形式だった。それまでプエルトリコやWCWでケージマッチは経験しているけど、有刺鉄線も電流爆破もこれが初めてだったよ。電流爆破は、あの音が嫌いだな。

それに俺はいろいろな仕掛けを事前に施すデスマッチよりも、そこにある素材を活かしたいタイプだからね。ホーガンや猪木さんとの試合で照明設置用の縄梯子を使ったりしたのもそういうことで、あらかじめ何らかの設定を作って試合に臨むのは好きじゃない。

だって、仕掛けを作っておいたら、そんなものは誰でもやれるということだからね。俺は発想力を問われる試合の方が好きなんだ。だから、デスマッチ自体、あまり魅力を感じなかった。

この試合で、ニタは凶器として鎌を持ってきたよな。あれもリアリティーがないよ。だって、鎌って普通に人を殺せる道具だからね。でも、人を殺しちゃいけないなんて当たり前のことな

んだから、そんなものを持ってきたら逆にリアリティーを失ってしまうんだ。試合中、ムタが思わず鎌の刃の方を掴んだ場面があったけど、あれなんかはムタみたいなキャラクターだから許されることだよ。

そういうリアリティーのない凶器を持ってきたら、電流爆破自体も嘘くさく見えちまう。「あんなの音だけだろ」って、みんな思ってしまうし、絶対にマイナスだよ。

話は飛ぶけど、最初にフロリダに行った時に、あるベテランのレスラーがいてね。名前は忘れてしまったな。その人はヒールで、実際は凶器を持っていないんだよ。でも、試合中にタイツの中をゴソゴソしたり、出す素振りをするんだ。でも、レフェリーがチェックしても凶器は持っていない。

つまり、まるで凶器を隠し持っているかのようなプロレスをしていたんだよね。あれは高等技術だよ。「凄くプロレスが巧い人だな」と感心した記憶がある。こういう技術で魅せるのがプロレスラーだと、俺は今でも思っているからね。

それと若い頃は、自分の運動能力で魅せるという意識もどっかしらにあったんだよ。凶器やギミックに頼らないで、試合をしようという意識がね。それができないと、レスラーとしての説得力もない。凶器や仕掛けがあったら試合ができるけど、なかったら試合はできないじゃ困るんだ。だって、ない時の方が多いんだからさ。

ちなみに、この試合ではムタが火炎攻撃というのを初めてやってみた。実は知り合いのマジシャンに教えてもらって、違う色の炎を出す練習をしていたんだ。それを当日、神宮球場で練

習していたら、消防署の人に見られちゃってね。「それはやったらダメだよ」と怒られちまったよ。

だから仕方なく、ああいう火炎攻撃になってしまったんだ。でも、やっぱり初めてやることだから、うまくいかなかったね。しかも野外で少し風が吹いていたから、自分の方に火が来て熱かったし、散々だった。

電流爆破にもう少し触れると、あの試合で最初に被弾したのはムタなんだ。でも、こういう仕掛けがあると、客は試合の中身よりも「いつ爆破するのか?」という方に意識が向いてしまう。それは、ある意味でやる方にとっては楽なことなんだよ。

実際に爆破の音は凄まじいし、俺たちがそれまでやってきたものとは違うジャンルのプロレスだよね。魅せる部分が技術ではない。技術論がいらない世界だよな。

まあ、ニタ戦の結論としては、大仁田厚という人には関わらない方がいいということだね。オーナーの猪木さんも、そういう方針だったみたいだよ。だって、当時の新日本は勝ち負けが重要な価値観の世界だったからね。でも、大仁田さんは負けても自分の価値が落ちない人だった。あの時だって、健介や蝶野、ムタにシングルマッチで全敗のまま長州戦まで辿り着いたからな。

それはある意味、新日本にはなかった新しい価値観だよ。だけど、そんな人と試合をやっても、こっちはリスクだけがあって、得する部分がまったくないんだ。

よく知らないけど、ニタがムタに負けた後、控室で葬式みたいなことをやったらしいよね。

大仁田さんが棺桶に抱きついて、泣いたりしてさ。まあ、そこまでやるのは大したものだと思うよ。

だから、電流爆破というのは、そういう大仁田厚だからこそ考えついた産物なんだろうな。フィジカル面で勝負しても、当時の若い奴らには絶対に勝てない。その中で見つけた隙間産業なんだよ。

プロレスなんていうのは、やっぱり何でもありなんだよな。今、俺が所属しているプロレスリング・ノアにはプロレスリング・ノアの、それこそ全日本プロレスの四天王時代から培ってきたバイブルがある。

でも、俺には俺のバイブルがあるからな。ノアのバイブルに対して、俺のバイブルをぶつけるのがプロレスの戦いだからね。何でもありの世界ではあるけど、その中には自分なりの哲学があるんだよ。そして、それのぶつかり合いがプロレスなんだ。

UWFもそうだったし、猪木さんにしろ、馬場さんにしろ、長州さんにしろ独自のバイブルがあって、そこがぶつかり合ったから面白かったんだよ。だから、大仁田厚にも、その哲学が記されたバイブルがあるんだ。そこに共鳴するファンがいる限り、プロとしては認めなきゃいけないよね。

ただ、積極的に絡みたいかといえば、そこまでの意思はないな。俺なんかドラゴンスクリューで試合を組み立てているけど、膝の悪い大仁田さんは受けられないだろうしね。

でも後年、お互い人工関節を入れている者同士で対談をしたことがあるんだよ。その時に俺が「ノアで試合をする」と言ったら、大仁田さんが「じゃあ、俺もノアに行く」と言い出してね。まあ、未来のことはどうなるかわからないよ。

大仁田さんの7回目の引退試合の時には、対戦相手として俺にオファーが来たんだ。断ったんだけど、再び絡むことがあるかどうかは神のみぞ知るというところだな。

１９９９年は、ニタ戦以外はムタの出番がなかった。武藤敬司がＩＷＧＰヘビー級王者だったし、東スポのプロレス大賞のＭＶＰを獲った年でもあるからな。必然的にムタの出番は減少するよ。

年が明けて２０００年になると、ｎＷｏのストーリーも一段落して、俺はＷＣＷと契約することになる。正式に契約したのは3月でね。でも、俺はそもそもＷＷＦに行ってみたかったんだ。だから、最初は新日本と契約しないでＷＷＦに行こうと考えていたんだよ。

その理由は、やっぱりＷＷＦには行ったことがなかったし、膝も悪くなっていたからサーキットができるとすればラストチャンスだと思っていたことが大きいよ。自分の可能性を最後に試したかったんだ。そういう気持ちが、この時期に湧いてきたんだよ。

でも、当時の新日本はまだＷＣＷと業務提携していた時代だったからね。アメリカではＷＣＷとＷＷＦが争っていたけど、ｎＷｏによる絶頂期も終わり、ＷＣＷがだんだん押され始めていた。

そこでボスだったエリック・ビショフに「プロレスをもう一度、クラシックなものに戻したい」という希望があって、グレート・ムタに白羽の矢が立ったんだよ。当時のＷＣＷの試合って、乱入ばかりでメチャクチャだったからさ。

この話があったのが1999年の夏で、その頃になるとクリス・ジェリコとか実力のある選手がWWFにどんどん移籍し始めていた。WCWは戦力が抜けて、ガタガタだったよ。

一方のWWFは〝ストーンコールド〟スティーブ・オースチンがビンス・マクマホンとやり合うアティテュード路線がファンに支持されて、オーバーしていた。ちなみに、ストーンコールドとはWCWでも試合をやっている。その頃はくすぶっていたけど、彼はWWFに行って見事に花が開いたよな。

まあ、WWFから俺に話が来たわけじゃないし、俺も移籍するために具体的に動いていたわけじゃないから、WCWの話を受けることにしたんだ。ところが、俺を誘ってくれたビショフがその年の9月にWCWを解雇されるという事態が起きてしまうんだよ。

誘われたからといっても、「明日から行きます」というわけにもいかないからね。日本で処理しなきゃいけないこともあったわけで、それをやっている間にビショフが解雇されちまったってことだな。

そのエリックの後釜になったのがWWFでシナリオライターをやっていたビンス・ルッソーという奴で、こいつがまた大の日本人嫌いだった。ビショフは空手をやっていたから日本びいきだったんだけど、ルッソーは真逆だよ。これで俺の歯車も狂ってしまった。

結局、ビショフは2000年1月にWCWに復帰したんだ。でも、その頃はそんなに力もなかったんだろうな。さらに新日本の常連だったクリス・ベノワやエディ・ゲレロ、ディーン・

マレンコといった連中も俺と入れ違いのようにWCWを辞めて、WWFに移ってしまった。俺の予定も変わってしまったし、いざ行ってみると知っている人たちがどんどんいなくなっているという状況だったよ。

ただ、アメリカのプロレスは、そういうスタイルなんだ。例えば、ホーガンがその団体を辞めたら、あの人のブレーンとか取り巻きはみんな一緒に辞めていくからさ。俺にオファーがあった時と実際にリングに上がる時では、WCWのオフィスもリング上も状況が違っていたということだよ。

そんなことがあっても、俺は最終的にWCWと契約を交わしたんだ。新日本とは最後にドーム2大会に出て、おさらばしてね。2000年4月7日の東京ドー

ム大会では、蝶野とシングルでやったよな。この時はもうWCWの選手だから、ムタは顔のペイントに「WCW」という文字を入れたよ。

しかも、以前と違うのはムタがマネージャーのモナという女の子を連れてきた。このコは、いいレスラーだったよ。素晴らしいドロップキックをしていたのを憶えている。後に彼女はモーリー・ホーリーとしてWWEでも活躍したよな。

それから5月5日の福岡ドーム大会では、またパワー・ウォリアーとやったよ。当時のIWGP王者は健介だったけど、変則的に2人とも化身のパワーとムタになってのタイトルマッチだった。

この試合では、パワーのマネージャーに女房の北斗晶が付いていたよ。新日本も大きく変わったよな。昔は女性マネージャーが付くなんて考えられなかったからさ。あの時は北斗にノーザンライトボムで投げられたりしたけど、あいつの顔面に毒霧をぶっかけたから、それでＯＫだよ。

その後、渡米した時は女房と息子、それから生まれたばかりの娘も連れて行った。若い時分にアメリカに行った頃と違って、この時はそんなに忙しく試合をしていたわけじゃないし、家族も一緒だったから俺にとっては至福の時間だったよ。仕事があまりない代わりに、家族と過ごす時間が増えて楽しかった。それに練習する時間もできたからね。

このＷＣＷ時代に、後に全日本プロレスで一緒にやることになるカズ・ハヤシとも出会ったんだ。彼もＷＣＷに在籍していたんだけど、俺と違ってハウスショーのツアーに駆り出されていて、いつも忙しそうにしていたよ。だから、しょっちゅう一緒にいたわけでもないんだ。

カズはジミー・ヤンとか小さい奴らと一緒に、ヤング・ドラゴンズというユニットを作っていてね。俺とは育ちが違うけど、そういう姿を見てがんばっているなと思った。動きも非常に良かったし、だからこそ後年、全日本に誘ったんだ。

アトランタにいた時は、よくメシに誘ったりもしたよ。ただ、アメリカって広いからね。カズが住んでいたところと俺が住んでいたところはちょっと離れていて、車でもそこそこ時間がかかる。アメリカは車社会だから、そこはしょうがないけどな。

このＷＣＷ時代は、ＷＣＷ世界タッグ王座を獲ったりはしたよ。パートナーはバンピーロというカナディアンで、こいつもいい奴だった。

こいつがまた俺のことが大好きなんだ。だから、よく守ってくれたよ。元々はモントリオールかどこかでリング屋をやっていたらしい。その後、メキシコでレスラーとしてオーバーしたんだ。最初はヒールをやっていたけど、人気が出過ぎてベビーフェースになったみたいだね。プエルトリコではアブドーラ・ザ・ブッチャーにも教わったそうだし、プロレスの技術に関してはまあまあだけど、本当にプロレスが好きな奴だった。

それからムタとバンピーロの抗争相手として、クロニックというタッグチームもいた。ブライアン・アダムスとブライアン・クラークの2人組だよ。彼らは凄くプッシュを受けていたし、デカくて、いいレスラーだった。こいつらも後に全日本に呼んだよな。

この時期はスティングとも抗争していたけど、前にnWoのメンバーとして行っていた頃よりもさらにWCWはテレビプロレスになっていたよ。テレビカメラに向かって試合をしろとか言われるし、必然的にレスラーの喋りも多くなる。まあ、ムタは喋らないんだけどさ。

日本の『ワールドプロレスリング』みたいにあくまで興行を中継するのと違って、アメリカのプロレス番組はバラエティーの作りに近いんだ。テレビマッチを収録する時には観覧する客もいるし、前説の奴が盛り上がるように仕込んだりもするんだよ。

この時期のWCWでは、リングサイドの横にトランポリンが置いてあったりしてね。それを使って、飛び上がって入場したりすることもあった。もちろん画面にそのトランポリンは映らないんだけど、「ここまでテレビプロレスになっていたのか!?」と驚いた記憶があるよ。

たぶん、同世代でテレビ朝日の生中継を経験しているのは俺くらいだと思うけど、こういうアメリカの演出はあまり好みではないよね。生中継の難しさや緊張感というものがあって、そこをこなすことに関して会社から頼られていたという自負があるからさ。G1の決勝戦を生中継でやったこともあったし、そういうことへの対応は今のレスラーではなかなかできないと思うよ。

WCWの『マンデー・ナイトロ』なんかは生放送なんだ。でも、選手がいろいろやってみたところで、時間が来れば途中でバッサリと切られちまう。テレビ局の方が権限は上だからね。アメリカは現場のスタッフとテレビ局がチームになっていたけど、日本はあくまでテレビ局が試合を放送するだけだから、そこは大きな違いがあるよ。

そもそもWCWだって、テレビ会社の子会社だからね。CNNの創業者テッド・ターナーが買収してできた団体がWCWで、俺らはその組織の一員。だから、ホテルに宿泊する時に会社名を聞かれたら、「ターナー・ブロードキャスティング・サービス」と書くんだよ。そうすると、ホテルの対応も違うんだ。

結局、このWCWは半年くらいで、おさらばした。年内までの契約だったから、12月に一旦日本に帰ることにしたんだよ。いい扱いを受けていなかったし、WCWという団体のビジネスも落ちてきていたから、これ以上アメリカにいる必要性を感じなかった。WWFへ行きたいという気持ちも、この頃にはなくなっていたな。

リング上に関しては、あまりいい思い出はない。そもそもビンス・ルッソーという人種差別をする奴がトップにいるんだから、日本人の俺がうまくいくわけがねえよ。白人至上主義者だから、俺だけじゃなく当時参戦していたレイ・ミステリオとかメキシカンたちの待遇も悪く

なっていたからね。ビショフはクラシック路線に戻したかったんだろうけど、もうそんなことをできる状況ではなかったよ。

若い頃は、アメリカで差別なんて受けなかった。どうしてかというと、フロリダにしてもダラスにしても俺が行ったテリトリーのプロモーターたちは、みんなプロレスラー上がりだったからね。彼らは日本にも来たことがあるし、日本という国のことをちゃんと理解していたから、ルッソーとは根本的に違うよ。

そもそもアメリカみたいな人種の坩堝で人種差別なんてしていたら、プロレスは成り立たないんだ。フロリダのヒロ・マツダさんのところで試合をしていた時だって、黒人レスラーをプッシュしていたからね。ルッソーは自分で人種差別主義者だということを公言している奴だったから、この世界には向いていなかったと思うよ。

ただ、この約半年のアメリカの生活は悪くなかった。実はこのWCWにいた期間も新日本から お金は出ていたし、非常に豊かな生活をさせてもらったね。アパートも家賃が凄く高かったけど、敷地の中に銀行やジムとか何でもあるようなところだった。

プールだっていくつもあったし、とてもじゃないけど、日本にいては味わえない生活だったよ。家族とも一緒の時間を過ごせたし、非常にゴージャスな期間だった。そんな生活を満喫することで、俺は「人生の洗濯」をしていたわけだよ。だから、プロレスを離れたところでは凄く充実感があったね。

日本に戻ってきたのは、猪木さんに呼ばれたからというのもあるよ。

当時、猪木さんは新日本のオーナーである一方で、ＰＲＩＤＥのエグゼクティブプロデューサーという立場になっていて、そのＰＲＩＤＥやＫ－１の選手を使って『ＩＮＯＫＩ ＢＯＭ－ＢＡ－ＹＥ』というプロレスのイベントを大晦日に大阪ドームで開催することになったんだ。だから、急にアトランタからロサンゼルスに呼ばれたのを憶えているよ。そこには髙田さんもいたし、榊原信行さんといったＰＲＩＤＥの関係者もいた。

俺の日本での復帰戦は、この『ＩＮＯＫＩ ＢＯＭ－ＢＡ－ＹＥ』で髙田さんとタッグを結成し、相手は総合格闘技をやっていたドン・フライとケン・シャムロックのチームだった。実際は、２人は犬猿の仲みたいだけどね。

俺は、この試合でスキンヘッドを初披露したんだよな。これ以降、しばらくムタの出番はなくなる。スキンヘッドにしたことで以前のようなムタを出しづらくなったというのもあるけど、この時はそんなことは考えもしなかったね。

そんなムタの代わりじゃないけど、新たなキャラクターとして登場したのが黒師無双だよ。２００１年８月19日に、みちのくプロレスの仙台大会に出場した時が初お披露目で、これは対戦相手に新崎人生がいたからこそのキャラクターだった。

まあ、半分お遊びみたいなところもあったよ。ムタと違って、黒師無双は「お坊さん」だから悪いことはしないんだ。毒霧はやったけどね。カルピスを使った白い毒霧や墨汁を使った黒い毒霧を吹いたよ。これくらいなら悪いことの範疇には入らないよな。

黒師無双というのは、あくまで限定のキャラクターだよ。あれは人生のキャラクターのパクリにもなるし、そもそもスキンヘッドにしたこと自体、「これからは武藤敬司で行こう」という決意の表れだったからね。

Chapter 4

ALL JAPAN PRO-WRESTLING ERA

2002年、俺にとってプロレス人生最大の転機が訪れた。

1月に長年所属していた新日本プロレスを退団し、全日本プロレスに移籍したんだ。この辺の経緯については、いろいろな媒体で喋っているし、本にもなっているからここでは触れない。この本の主役は、グレート・ムタだからな。

当然ながら俺が全日本に移籍したことによって、ムタも新日本のリングから消えることになった。でも、復活の場面は割と早く訪れたんだ。

この年の6月22日にアメリカのIWSという団体からムタにお呼びがかかってね。会場はニュージャージー州のアトランティックシティにあるサンドキャッスル・スタジアムという大きな野球場で、バンバン・ビガロとメインイベントで久々に対戦したんだよ。

アメリカとなれば、やっぱりムタの出番なんだよな。向こうには武藤敬司は存在しないからさ。ただ、頭がスキンヘッドだったから、以前と違って格好が付かない。髪の毛がないと、ペイントをしたところでたかが知れているよ。

そこで考え出したのが、あのラバーマスクなんだ。前にも触れた通り、1995年にSFX撮影をした関係から、特殊メイクアーティストのJIROさんという方に作ってもらったんだよ。

最初は皮膚と一体化したようなマスクをイメージしていたんだ。あくまでもマスクと悟られないようにしようと思っていた。結果的にマスクっぽくなったんだけど、これはこれで素晴らしい物ができたと思うよ。

それから「毒々しくいきたい」という俺の希望も叶えてくれた。やっぱり武藤敬司がベビーフェースである以上、ムタはその正反対でいきたかったからね。

元々、ムタは忍者がモチーフのキャラクターだったけど、こうして振り返ると年を経るごとにだんだん毒々しい化け物になっていったよな。それに日本に戻ってきてからは、それほど忍者っぽくしていなかった。忍者というのは、身軽で小さいというイメージがある。だから、体の大きなムタは自ずと毒々しい方向に針を振るようになっていったんだ。

それが全日本プロレス時代の新生ムタということだな。毒々しさの表現が毒蜘蛛をモチーフにしたラバーマスクになったわけだよ。

ただ、この記念すべき新生ムタのデビュー戦は苦い思い出があるんだ。試合中にロープがブチッと切れて、リング下に落っこちてしまったんだよ。小さいリングだったし、ちゃんとメンテナンスをしていなかったんだろうな。

さらにギャラの未払いも発生した。参加したレスラーたちは凄い勢いで取り立てに走っていたけど、プロモーターは金がないからの一点張りで支払ってくれないんだ。一応、チェックをもらったけど、あんなものはただの紙切れだったね。

そんな感じで散々な目に遭ったものの、帰りはラスベガスに寄って、ジャイアント馬場さんの奥さんで、当時は全日本のオーナーでもあった馬場元子さんと合流した。そこからハワイへ移動して、バカンスを楽しんだよ。飛行機も隣同士で座ったくらいだから、まだこの頃は元子さんも俺には良くしてくれていたんだ。つかの間の蜜月時代というやつだよ。

ところで、俺が全日本に移籍してから、新日本が嫌がらせのように偽者の『GREAT MUTA』という英語表記のマスクマンをリングに登場させたよな。俺は興味もないから詳しいことはわからないけど、どうやらジョニー・ローラーが連れてきたというストーリーだったみたいだね。

ジョニー・ローラーって、WWFで活躍していたチャイナという筋肉質の女子レスラーだよな。聞いたところによると、彼女は猪木さんの肝煎りで新日本に参戦し、蝶野と抗争をしていたらしい。橋本や俺がいなくなって、新日本がさらにカオスになっていた時代だよ。

ただ、この偽者のMUTAって奴がしょっぱかったみたいで、ジョニー・ローラーとIWGPタッグに挑戦する予定だったのに試合中に怪我をしてしまってね。その代打に駆り出されたのがムタのパパであるカブキさんだったというから面白いよ。

カブキさんはすでに引退していたからセコンドとして参加していたみたいだけど、日本プロレス時代の先輩の星野勘太郎さんに頼まれて、渋々MUTAの代役で試合をしたらしい。タイトルマッチが組まれたのは尼崎の星野さんが手掛ける興行だったから、断りきれなかったんだろうね。これがカブキさんの復帰戦で、その後は知っての通り本家・ムタとも絡むことになる。復帰が偽者のMUTA絡みなんて、やっぱり縁があるんだろうな。

アメリカでリニューアルしたムタが全日本のリングに初登場したのは、2002年7月20日の日本武道館大会だった。この当時は馬場さん時代の全日本の流れに則って、ビッグマッチは日本武道館でやっていたんだよ。

その大会で、俺は「三変化」をすることになった。すなわち、武藤敬司、グレート・ムタ、黒師無双の揃い踏みだよ。この3つのキャラクターで1日に3試合することになったんだ。

ムタの相手は、「愚零斗弧士（ぐれいと・こじ）」。これはムタに対抗して、小島聡がペイントレスラーに変身した姿だよ。

どうして三変化なんて無茶をしたかというと、やっぱり集客を考えてやらざるを得なかった部分は大きい。早い話が、苦肉の策というやつだよ。まだ正式に全日本の社長にはなっていなかったけど、やっぱり自ら働かなきゃいけなくなっていたよな。そこが上から言われて試合をやっていた新日本時代との大きな違いだよ。

それから10月27日には、同じく日本武道館でムタとしては久しぶりに天龍さんとの試合があった。新日本を離れる直前くらいに天龍さんとは、武藤敬司としてさんざん対戦したからね。全日本に移籍した時に、三冠ヘビー級王座を持っていた俺からベルトを奪ったのも天龍さんだった。

1996年以来、6年ぶりのムタvs天龍戦だったけど、おそらくあの人が第一線でがんばった最後くらいの時期だったと思う。この試合で勝って、今度はムタが三冠王者になるんだ。IWGP同様、2つの顔でベルトを巻けたのは誇らしいことだと思っているよ。

三冠王座を巻いた後、この年の11月17日に『WRESTLE-1（以下、W-1）』というイベントが開催された。これは全日本とK-1がタッグを組んで仕掛けた新しいプロレスのイベントだった。

全日本は２０００年に三沢光晴さんたちが大量離脱したのと同時に、旗揚げから試合を放送していた日本テレビも離れてしまってね。だから、俺が移籍した時はテレビの地上波放送がなかったんだよ。

やっぱり、地上波を持っているか持ってないかで団体の運営状況も違ってくるからね。そこで全日本が今後生きていく上で、テレビ中継がなきゃダメだという結論になったんだ。テレビの獲得のためにメチャクチャ動いたんだけど、その時にＫ－１との話が出てきたんだよ。

Ｋ－１はこの当時、ヘビー級のグランプリをフジテレビで放送していて、日本人中心のＫ－１ジャパンを日本テレビで放送していた。さらに総合格闘技のＰＲＩＤＥと組んで猪木さんを看板にしたイベント『ＩＮＯＫＩ ＢＯＭ-ＢＡ-ＹＥ』、魔娑斗を中心としたK－1 MAXはTBSで放送していたよな。この年は国立競技場で『Dynamite！』というビッグショーも開催して、これもTBSだったよ。だから、テレビ局にはめっぽう強かったんだ。

そのK－1を仕切っていた正道会館の石井和義館長がGOと言えば、テレビも放送してくれるような状況でね。しかも、石井館長は決してプロレスが嫌いではなかったんだよ。過去には前田日明さんのリングスとも絡んでいたし、プロレスラーの安生洋二なんかをリングに上げたりしていたからね。ピーター・アーツがnWoのTシャツを着て、K－1のリングに上がったこともあったよな。

そこで全日本とK－1のトライアングルが成立してW－1というイベントが立ち上がり、それをフジテレビが放送することになってね。会場は横浜アリーナで、メインイベントで組まれたのがボブ・サップvsグレート・ムタというカードだった。

この時期、サップはK－1とPRIDEを股にかけて活躍していたよな。元々はアメフトのNFLの選手で、引退した後にプロレスに転向しようとWCWのパワープラントというスクールにいたことがあったんだよ。

俺もWCWに行った時にパワープラントを見学したことがあるんだけど、本人が言うにはどうやらその時に練習していたサップが挨拶に来てくれたんだ。俺は知らない奴が来たから適当にあしらったらしいんだけど、あいつはその時のことを「無視しやがった！」と凄く根に持っていたみたいでね。会うたびに、しつこくそのことを言われたよ。

パワープラントにはK－1ファイターのサム・グレコという選手もプロレスラーになろうと在籍していたんだ。そのグレコがサップと仲良くなり、K－1に紹介したみたいだね。これがサップが日本で活躍するキッカケになったんだよ。

とにかく、この年のサップは勢いがあった。フットボーラー上がりで格闘技はド素人なのに、体力だけでK－1やPRIDEに出て勝っちゃうんだからさ。しかも、新日本でプロレスの試合もやっているんだよな。各方面からもてはやされて、結果的にこの年のプロレス大賞のMVPまで獲ったし、瞬間風速的にブレイクしたという意味では外国人レスラーで一番なんじゃないのかな。

ただ、これはある意味で屈辱かどうかはわからないけど、フジテレビの番組には「ボブ・サップのバトルエンターテイメント」という冠が付いたんだよ。テレビ局にしてみれば、自分のところで放送しているK－1でも活躍していたし、サップを中心にしないと視聴率は取れないという感覚があったんだろうな。

こういうアクの強いのが相手となると、やっぱりムタしか成立しないよ。パワープラントにいたと言ったって、プロレスに関してはやっぱり素人だからさ。そんな奴を料理できるのはムタしかいないよ。

それにW－1は、K－1とPRIDEに出場している格闘家もプロレスをやるというイベントだった。そうなると、武藤敬司がそこに混ざっても何も得しないからね。

いずれにしろ、全日本にとっては地上波で試合が流れるわけだから大チャンスだった。だから、ムタも気合いを入れ直して、衣替えをしたんだよ。この時は映画『13日の金曜日』に出てくるジェイソンというキャラクターをモチーフにして、その後も事あるごとに衣替えをしていくことになる。

W-1に関しては、賛否両論だったと思うよ。でも、やっぱりテレビの力は強いし、演出も金をかけてやってくれた。サップ戦の入場はリングにスモークが焚かれて、それが消えるとムタがいつの間にかリングにいるというイリュージョン的な凝ったものだったよな。これは俺もお気に入りの入場なんだけど、やっぱりこういう舞台にはムタの方が映えるよ。

このW-1で特筆すべきは、「ファンタジーファイト」というフレーズだよね。テレビ放送でも「プロレス」という単語は一切使わず、「ファンタジーファイト」という言葉で押し通したらしい。

フジテレビにしてみれば、従来のプロレスのイメージでは視聴率を見込めないと思ったんだろう。言ってみれば、K-1だってキックボクシングとほぼ同じだよ。でも、従来のキックボクシングの持っていたイメージをガラリと変えたからオーバーしたんだ。W-1も同じような効果を狙ったんだろうけど、やっぱり少し早過ぎたのかもしれない。

それにW-1は従来のプロレスラーよりも、サップとかK-1やPRIDEで知名度が上がっていた外国人の格闘家を主体にしたところがプロレスファンの受けが良くなかった理由のひとつだろうね。やっぱり、彼らだけではプロレスはできないよ。

格闘家にプロレスを教えるのは大変なんだ。サム・グレコみたいにパワープラントである程度、基礎を習っていた奴はそれなりにできたけど、所詮はみんな素人だからね。だから、これ以降、全日本プロレスでは知名度にとらわれず、技術の整った奴でやっていこうという路線に方針を変えたんだよ。

改めて考えてみると、このW－1は日本におけるテレビプロレスの走りだよね。俺の古巣の新日本にしても、猪木さんの時代から今に至るまで、いろいろなことにチャレンジしてきたよな。だから、プロレス界って常に悩むんだと思う。

ファンタジーファイトのW－1では、小島がエルボードロップに行く前に叫ぶ、「いっちゃうぞ、バカヤロー！」というお決まりのセリフを場内のスクリーンで文字にして流したんだ。俺から言わせれば、ここまでやれば学芸会じゃないんだよ。ちゃんと金をかけたエンターテインメントとして成立していた。

やっぱりエンターテインメントは、金をかけないと貧乏くさく見える。同じようなことをやっていても、その一点が欠けるとエンターテインメントではなく学芸会に見えてしまうんだ。

ムタが進化していったのだって、貧乏くさくならないようにするためだからね。ムタは、そういう努力をしていたんだよ。後にハッスルという団体にムタが呼ばれることになるけど、非常に居心地が良かった。ムタのゴージャスなイメージを保ったままでいられたからね。そういう部分では、W－1でエンターテインメントの意味というものを考えさせられたよ。

結局、このW－1は翌年の1月19日に東京ドームで大会を開催したのを最後にポシャった。理由はK－1とPRIDEの仲が悪くなって、開催どころじゃなくなったんだよ。それに加えて、石井館長が脱税で逮捕されたことも大きかったよな。

その後、三冠王者のムタは2003年2月23日に日本武道館で防衛戦を行った。相手は、あの橋本真也だよ。

橋本は俺が辞める前に新日本をクビになって、ZERO-ONEという団体を立ち上げた。俺も旗揚げ戦に、スカパーのテレビ解説で行っているよ。

この頃、全日本はZERO-ONEとの団体対抗戦に突入していて、ムタvs橋本の三冠戦は大将戦みたいなものだった。
ところで、俺はW-1をやっている時に面白い奴を見つけたんだよ。ジョー・サンという選手でね。こいつは韓国系のアメリカ人で、格闘家なのかプロレスラーなのか俳優なのか、その実態がよくわからない怪しい奴だった。
UFCに出たキモという選手

のセコンドをやったり、K－1で角田信朗さんの相手をしたこともあるんだけど、W－1の東京ドーム大会にこいつが出場することになったんだ。その相手が、よりによって橋本でね。しかも、ジョー・サンはTバック姿でリングに上がったから、橋本は「ふざけんな！」と怒っていたよ。

そういう因縁もできていたから、俺はこいつをZERO-ONEに刺客として殴り込ませようと思っていたんだ。でも結局、こいつとは連絡が取れずに、全日本の選手全員でバスに乗ってZERO-ONEの会場に殴り込むなんてこともしたよな。ちなみに、このジョー・サンだけど、今は刑務所にいるらしい。しかもその刑務所の中で殺人も犯しているから、もう出てこられないみたいだよ。

橋本との三冠戦に話を戻すと、団体対抗戦をやっているわけだから、本来なら武藤敬司が相手をした方が筋だったかもしれない。でも、俺の記憶だとZERO-ONEとは割と急展開で対抗戦をやることになったんだ。だから、大将戦が武藤敬司じゃなく、その時の三冠王者のムタになったという事情もあるんだよね。

この試合で敗れてベルトを獲られたけど、橋本のコンディションは最悪だったな。肩や足を負傷したり、試合になると毎度のごとく怪我をして、リング上もうまく回せなかったよ。袈裟斬りチョップをやって、自分の肩を脱臼したこともあったしね。

ネタとしては橋本が仇敵だった小川直也とOH砲なるタッグを組んでいたし、こちら側には俺の他に川田利明もいたから話題性のあるカードを組めたんだよ。ただ、橋本のコンディションのせいで振り回されて、思うようにマッチメークができなかった印象がある。結局、橋本は防衛戦をやれない状態になって、三冠王座を返上しちゃったしね。

この年の7月19日には日本武道館でギガンテスという大きなレスラーとムタが試合をしている。こいつはＷＣＷにいて、カズ・ハヤシと仲が良かったんだよ。後に日本に来ている時に亡くなってしまったけど、惜しい人材だったよな。

全日本に来てからは新日本時代のようにビッグマッチでビッグネームが用意されているという状況ではなかったから、ムタの相手にしてもそれに見合うような選手を自分で探さなきゃいけなかった。ギガンテスも、その一例だったよ。

とはいえ、そこまで俺自身がムタに飢えていたわけでもないからね。そういえば、新日本に出現した偽ＭＵＴＡも翌年に呼んでいるよ。利用できるものは何でも利用しないといけないような状況だったのが当時の全日本だったな。

ところで、前にも触れたけど、グレート・ムタの商標権は新日本が押さえていた。かといって、そんなことは関係ないとばかりにムタは全日本のリングに出ていたんだけどね。そんな時、俺に対して新日本の坂口さんから２００４年の１・４東京ドーム大会への出場オファーが来たんだよ。

新日本とは移籍当初はゴチャゴチャしたところはあったけど、２００３年の１・４東京ドーム大会には俺と一緒に移籍した小島聡を派遣していたからね。すでにビジネスができる関係にあったことは確かだよ。

だから、俺はいい機会だと思って坂口さんに「ムタの商標を返してくださいよ」とお願いしたんだ。そうしたら、ちょうどムタの商標の期限が切れる間際だったらしくて、坂口さんは「ウチは更新しないから」と言ってくれてね。それからはムタも大手を振って、全日本のリングに暴れられるようになったというわけだ。まあ、俺自身はやったもん勝ちみたいな感覚もあったから、ムタを全日本に出していても別に後ろめたい気持ちなんてなかったけどね。

この2004年に、ムタが東京スポーツの1面を飾る出来事が起きた。6月9日の金沢大会で、当時は全日本の所属だった本間朋晃を車で轢いたんだよ。

これは事情があってね。その頃、『力道山』という映画が制作されていて、俺はハロルド坂田役で出演したんだ。その撮影の最中に、膝を怪我してしまったんだよ。当時は膝の状態が思わしくなくてガチガチにテーピングをして撮影に臨んだんだけど、血が止まっちゃって、その時に痛めてしまったんだよな。

金沢の試合が近かったし、本当は休みたかったけど、プロモーターが休ませてくれない。しょうがないから車イスで飛行機に乗って、そのまま会場入りしたよ。

入場する際も、会場にあった台車に乗るような有様でね。だから、ムタはいつも以上に動けなかったんだ。

ただ、試合をした金沢の石川県産業展示館という会場はデカイ倉庫みたいな感じで、半分潰していたんだよ。そのスペースには、選手バスや関係者の車が駐車してあってさ。それを見た瞬間に、「これは使えるな!」と閃いたんだ。

だから、ムタはそこに駐車してあった車に乗り込んで、本間を轢いてしまったんだよ。あの時は本間の体が浮き上がって、ボンネットに乗っかったからな。

それから8月30日には北海道の釧路市にある鳥取ドームという会場で、今度は本間をトラックで轢いたんだ。この時は新日本の西村修がグレート有我として参戦してムタとタッグを組んだんだけど、あいつが箱乗りした状態で本間に追突してやったよ。

しかも、トラックだからオートマじゃなくクラッチなんだ。それがうまく操作できない状態でぶつかったから、本間は遠くに飛んでいったな。

この釧路大会で本間をトラックではねた写真が翌日の東スポの1面を「ムタ、ひき逃げ!」というキャッチとともに飾ってね。これをウチの女房の主婦友達が見たらしく、「お宅の旦那さん、大丈夫ですか?」と心配されたよ。でも、本間が東スポの1面を飾ったのは唯一この事件だけらしいから、あいつからすればムタに感謝だよな。

俺は、こういうのが大好きなんだ。全日本に移籍してからは、金のかかる演出はできない。だからこそ、その会場の環境を最大限利用することを俺は常に考えていた。冬の青森に行けば、雪の中に飛び込むなんてこともやっていたよ。

9月22日の熊本大会ではムタが産廃処理場に捨てられたこともあったし、11月22日の島根大会では例の偽MUTAに逆に轢き逃げされるなんてこともあった。この時期はスーパー・ラブ・マシン率いるラブ・マシン軍団が偽MUTAを連れてきて、ムタと抗争をしていたんだけど、俺がボスだから全日本ではやりたいことはほぼできる環境だったな。

新日本では気を遣ってできないこともあったし、自分中心に回すなんてこともできなかった。でも、全日本では気兼ねなくやれたよ。もちろん、俺中心に回してばかりじゃ本当はダメなんだけどね。

話は前後するけど、この年はハワイのＨＣＷという団体に遠征している。現地で久々にスティングと対戦して、相手は一緒に行った小島とダイヤモンド・ダラス・ペイジだった。ペイジは、ｎＷｏが全盛期の頃のＷＣＷでブレイクした選手の一人だよな。当時は試合をした記憶がないけど、おそらくこいつもリング屋経由でレスラーになった奴だよ。見かけはいいんだ。でも、レスラーとしてはそんなにいいとは思わなかったね。この時はすでにＷＣＷも潰れていて、スティングはフリーランスだったよ。

この大会のプロモーターは女性で、凄い金持ちなんだ。家族も連れて行ったんだけど、その飛行機代まで出してくれたからね。

ただ、この大会もギャラをもらえなかった。とはいえ、家族と一緒に何日もハワイで遊べたから、そこは良かったな。要はタダでハワイへバカンスに行けたわけだからね。

この２００４年は12月5日の両国国技館大会で偽ＭＵＴＡと決着戦をやって、その後にまたアメリカに遠征した。

ただ、この頃の海外はギャラの取りっぱぐれが多くなってきたから、何％かは前払いで払ってもらうようにしたよ。

２００５年になると、あのＷ-１が復活した。ただ、今回は全日本＆Ｋ-１＆ＰＲＩＤＥというトライアングルではなく、全日本とK－1のタッグによるイベントでね。さらに「ファンタジーファイト」というお題目もなくなって、『W－1 GP』というトーナメントを行うことになった。

K－1とPRIDEは2003年あたりから仲が悪くなって、格闘技界も様変わりしていたよな。最初のW－1はその余波を食らって頓挫した形なんだけど、この時にPRIDEはビル・ゴールドバーグというレスラーと契約を結んでいたんだ。

ゴールドバーグはWCWの最後の時期にブレイクしたレスラーで、WCWがWWEに買収された後も合流せずに試合をしてなかった。彼を目玉のひとつとして開催されたのが最初のW－1だったんだよ。

ただ、こいつを呼ぶのにギャラが1億円くらいかかっていてね。その契約を分割して消化しなきゃいけなかったから、2002年には全日本のリングにも上げている。2日連続で日本武道館大会をやって、それぞれ太陽ケア、小島とのシングルマッチを組んだんだよ。

ところが、このゴールドバーグの契約はそれでも消化できなくて、PRIDEはそれをクリアにする意味合いもあってハッスルという新たなプロレスイベントを立ち上げたんだ。旗揚げ戦は新日本の東京ドーム大会を裏に回して2004年1月4日だったけど、俺はこの日、ボブ・サップとタッグを組んで新日本の方に出ている。

でも、小島やカズは求めに応じてハッスルに出していた。別に拒む理由もないからね。俺がハッスルに出ていなかったのは、単にオファーが来なかったというだけだと思うよ。初期のハッスルの中心は橋本&小川と髙田延彦さん扮する髙田総統だったし、俺と因縁のある人たちとはいえ、ハッスルのリングで見たい絡みでもないだろうからね。

そのPRIDEサイドのハッスルに対抗する形で、K-1サイドもW-1を復活させたというのがあると思うんだ。しかも、プロデューサーには2004年10月に新日本を辞めた上井文彦さんが就任することになった。

上井さんは元々、新日本の営業部にいた人でね。俺や長州さん、永島のオヤジが辞めた後に新日本でマッチメークなんかを担当していたんだよ。結局、力尽きて辞めてしまったみたいで、その後にK-1と組んだんだ。

以前とは様相がガラリと変わったW-1だけど、ここでも大きな出会いがあった。元横綱の曙だよ。

曙は北尾光司や小川直也とは違って、プロレスの才能もあったよな。ハワイ生まれで子供の頃からプロレス文化に馴染んでいたし、飲み込みも早かった。当時はK-1に出たり、総合格闘技にも挑戦していたけど、絶対にプロレスの方が合っているよ。

『W-1 GP』の開幕戦が行われた8月4日の両国国技館大会で、この曙の相手をしたのがムタだった。正直、先のことまで考えて試合に臨んだわけじゃないよ。曙もこれがプロレスデビュー戦だったし、とりあえず試合をこなすことで精一杯だった。あんなにデカイ奴には、技をかけること自体が大変だからね。

ただ、俺はアメリカで何もできないレスラーを何人も相手にしてきた経験があるからさ。相

手に依存する技はやらないから、曙とも試合を成立させることができたんだよ。プロデューサーが麻雀仲間の上井さんだったし、あの人は俺への信用度が高いからね。だから、ムタが相手に選ばれたんだと思う。

トーナメント2回戦は10月2日の代々木第一体育館大会で、ムタの相手は佐々木健介だった。健介も俺や橋本と同じように新日本を辞めて、師匠の長州さんが旗揚げしたWJプロレスに移籍したけど、この時代にいろいろあって苦労したんだろうね。

健介はWJを辞めてフリーになり、嫁さんの北斗をマネージャーに付けてから評価が変わったよな。俺からしたら、やっぱり北斗なんだよ。前にムタとも絡んでいるけど、全日本でもいろいろ彼女を使ってね。まだ北斗はテレビにあまり出ていない時代だったけど、俺が全日本で使うことで羽ばたいていったよな。

俺が思うに、健介は俺みたいにプロレスが好きじゃなかったのかな。早々と引退しちまったけど、今はプロレスにまったく携わっていないしね。

話を『W－1 GP』に戻すと、これも途中で頓挫してしまったよ。K－1や全日本の人間たちがやっているイベントだから、プロデューサーだった上井さんは思うようなプロレスができなかった。

上井さんは上井さんで、自分のやりたいプロレスがあってね。前田日明さんをスーパーバイザーに招聘して、新日本を辞めた柴田勝頼や村上和成と一緒にビッグマウスラウドという団体を同時に始めたりしていたんだよ。全日本の方もスタッフの離脱があったりでうまくいかず、結局『W－1GP』は準決勝と決勝戦を残したまま尻切れトンボで終わってしまったんだ。

2006年になって、ムタはまた新たなステージに突入する。これまでムタが出現するのはアメリカと日本に限られていたけど、ウルティモ・ドラゴンが開催する『ドラゴ・マニア』という大会に呼ばれて、初めてメキシコに遠征することになったんだ。

あいつは昔、新日本の練習生で道場にいたから、ウルティモ・ドラゴンになる前の浅井嘉浩の時代から知っている。彼はメキシコを拠点に世界中で活動していて、闘龍門というプロレススクールも作ったよな。

このウルティモという男は、商売上手でね。メキシコにある日本企業から協賛をうまく取って、アレナ・メヒコという大きな会場で興行を打ったんだ。

それが5月13日の『ドラゴ・マニア』第1回大会で、現地に行ってみればわかるけど、あいつは本当にメキシコで力を持っている。闘龍門も立派な道場を構えていたよ。

メキシコ初見参のムタはウルティモ、アトランティスと組んで、ドクトル・ワグナー・ジュニア＆ウルティモ・ゲレーロ＆ペロ・アグアヨ・ジュニアと対戦した。ワグナーはよく新日本に来ていたし、亡くなった弟のシルバー・キングと一緒に全日本に呼んだこともあるよな。

また、このワグナーが俺のファンなんだ。しかも、向こうでドラゴンスクリューやシャイニングウィザードといった俺の技を使っているから、ムタがやってもまったく盛り上がらないんだよ。まるでムタがこいつのパクリをしているかのように現地のファンに思われてしまったからな。しかも、ワグナーはムタをイメージしたマスクも持っていたからね。

この時はウルティモに騙されて、『ドラゴ・マニア』以外にも2～3試合やらされたような気がするよ。あいつは先輩を平気でこき使う奴なんだ。

でも、メキシカンスタイルのプロレスを現地で体感できたのは大きかったよ。ジャパニーズスタイルのプロレスと全然違うんだけど、ある種の共通項が存在することもわかった。

メキシコって、スペインに侵略された歴史があるよね。だから、メキシコの人たちは日本の浪花節的な世界に近い感性を持っているんだよ。アメリカ人の感性よりも、日本人の感性に近い。だから、プロレスのスタイルは似ていなくても、感性に訴える部分は非常に似ていると感じた。

例えば、アメリカ人って『フランダースの犬』が嫌いなんだよ。なぜかというと、あれは負け犬の話だからってことなんだ。日本だと画家を目指す貧乏なガキが犬と一緒に凍死した話が感動を呼ぶんだけど、アメリカ人にしてみれば、ただの負け犬。どんな死に方であろうと、死んでしまった以上は負けなんだ。そこに美学を感じないんだよ。

メキシコはプロレスのストーリーに遺恨とか家系が複雑に絡み合っていくらしいし、そこは日本と同じような感性で進んでいるんだろうな。

それとメキシコで一番を気を付けなきゃいけないのは、金的攻撃だよ。あれをやったら、一発で試合は終わりになる。そこは凄く素晴らしいところだと思うよ。

メキシコのプロレスは、ルールが非常に厳格なんだ。逆に日本はどんどん厳格さがなくなって、今や訳がわからない。ルール自体はあるんだけど、それがしっかりと適用されているかといえば、かなりユルユルなところがあるよな。

メキシコで試合中に金的攻撃をしようものなら、コミッショナーがすぐに飛んできたり、レフェリーに暴行を働くと出場停止になったりするんだ。そういう意味では、日本なんかはやりたい放題だからね。

ルールを厳格にすることによって、反則もより際立つわけだからさ。金的攻撃で試合が終わってしまえば、より深みのあるストーリーに繋がっていくような気がするんだ。こういったところは、日本のプロレス界ももっと考えた方がいいと思うよ。

メキシコ遠征の後、ムタは8月27日の両国国技館大会でＴＡＪＩＲＩと初めての一騎打ちを行っている。

ＴＡＪＩＲＩともこの後、長い付き合いになったよな。当然、その存在は知っていて、彼はＷＷＥでいいポジションを築いていたよね。日本公演で来た時に、彼とはサムライＴＶの『Ｖｅｒｓｕｓ』という番組で対談もしているんだよ。

この試合での注目点は、ムタの入場コスチュームが一気にゴージャスになったことだよな。この試合のムタは、通称「世界遺産ムタ」と呼ばれている。『ドラゴ・マニア』でメキシコに行って、世界遺産になっているピラミッドを見てインスパイアされたんだよ。

これ以降、ムタのコスチュームがそういう路線で変化していくことになるから、ＴＡＪＩＲＩ戦はムタの歴史の中でもシンボリックな試合だよね。

やっぱりキャラクターとキャラクターのぶつかり合いになると、ムタも意地があるからより

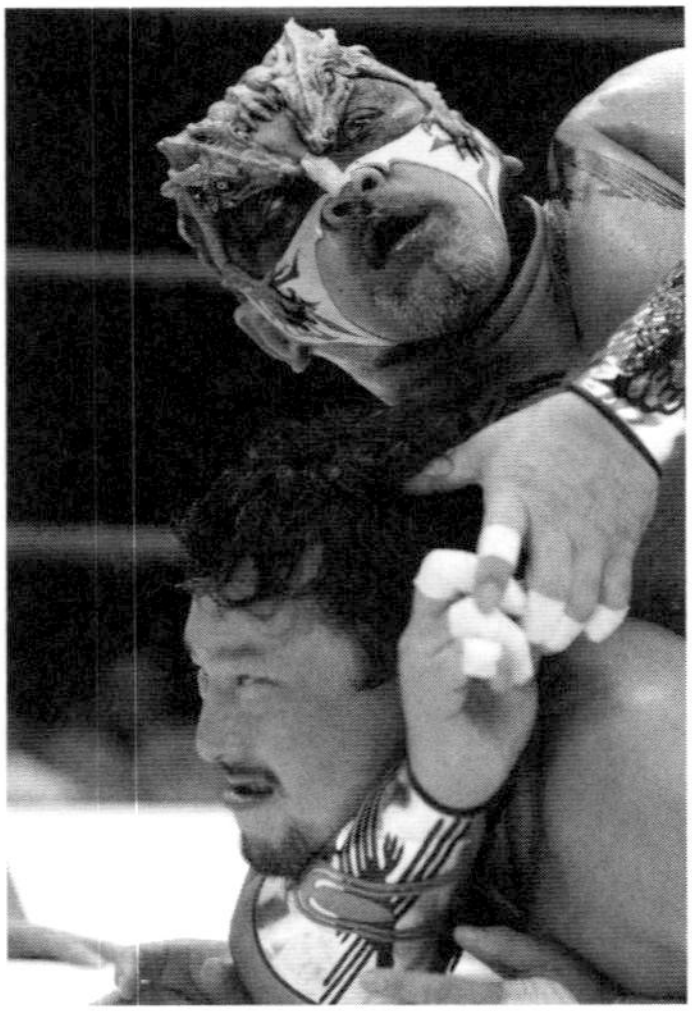

インパクトを残そうという意思が働くよ。ちなみにコスチュームを新調する時は全部、俺が注文する。こういうのを考えるのもプロレスをやっている楽しさのひとつだよ。
年が明けて、２００７年になるとイギリスへ遠征に行った。何気に、これがムタのヨーロッパ初見参だよ。
１月27日にイギリスのＲＱＷという団体にムタが出場したんだ。この遠征に関しては当時、全日本に上がっていた菊タローがいろいろと動いてくれたよ。
この時は最初にムタにオファーをしてきた団体が、その後にパンクしたか何かで興行自体がなくなったんだよな。でも、現地のレスラーたちがそれは申し訳ないということで動いてくれて、ＲＱＷが招聘してくれたんだよ。しかも、仲間たちでギャラまで見繕ってくれたんだよね。そこにはイギリス人の面目を潰さないためという意地もあったらしいよ。

イギリス遠征は女房も一緒で、飛行機もファーストクラスを取ってくれた。スイス経由で、そのルートじゃないとファーストクラスが取れなかったらしい。その手配も菊タローが全部やってくれたよ。ファーストクラスだと、対面で座れるんだよな。女房と向かい合せでメシを食った思い出がある。

この遠征は、ＮＯＳＡＷＡ論外や全日本の若手だった雷陣明も一緒だった。東京愚連隊のＮＯＳＡＷＡも当時は全日本に上がっていて、菊タローと一緒にいろいろと動いてくれたよ。雷陣は、なぜかロシア経由で来てね。おそらく俺の膝のテーピングを巻く係だったんだろうな。すでに膝は相当悪くなっていて、この時の映像を見ると、今と同じようなスタイルになっているよ。

イギリスでの相手は、マーティ・ストーンというＲＱＷヘビー級王者だった。垢抜けない奴だったけど、スタイルとしては全体的にイギリスは日本に近いよね。この頃は、どこに行っても控室で現地のレスラーたちがリスペクトを示してくれたよ。その一方で、メキシコだろうが、イギリスだろうが、ムタがすべて食ったという自信もある。

それにイギリスもＷＣＷの中継が流れていたらしくて、ムタのことを客もそこそこ知っているような感じだった。あの国にも、おそらくプロレス社会がちゃんとあるんだよな。

イギリスは物価が高くて、マクドナルドのハンバーガーが１個＝１５００円もしたのには驚いたね。試合が終わったら、ユーロスターという電車に乗って、イギリスからフランスまで遊びに行ったんだ。みんなも一緒に付いてきて楽しかったな。

帰りも同じくスイス経由で、空港でキャビアが売ってたから余った小銭で何個か買ったんだ。これが物凄く高かったから大事に大事にして、祝い事でもあったら食べようなんて思っていたんだけど、いざ食べようとした時には賞味期限が切れていてさ。凄くショックを受けたのを憶えているよ。

このイギリス遠征でインスパイアされて生まれたのが「ナイト（騎士）・ムタ」で、これが登場したのは2月17日の両国国技館大会、相手はゴールド・ダスティンというレスラーだった。

彼はダスティ・ローデスという名レスラーの息子で、「ダスティ・ローデス・ジュニア」とか「ダスティン・ローデス」という名前でも活躍していたよな。親父と一緒に新日本の東京ドーム大会に出たこともあるよ。

ただ、彼を一躍有名にしたのは、「ゴールダスト」というリングネームでWWEで活躍していた時代になる。オカマというか性倒錯者のキャラで、変態的なプロレスをやっていたよ。昔のスタイルのままだったら、全日本も呼んでいないと思う。彼は見た目は気持ちが悪いけど、実際はプロレスが上手いレスラーだよ。

リングネームのゴールド・ダスティンというのはWWEの権利上の問題で、その名前にしたんだ。ルックスは全身キンキラキンで、WWEでゴールダストをやっていた時と同じだったけどね。

前にも書いたけど、ああいうオカマキャラを俺も一回やってみたかったという気持ちがある。本当の役者というのは、ヒーローばかりをやりたがらない。いろいろな人に化けたいという願望があるわけで、それは俺も同じだった。

他のレスラーとの違いを見せるには、こういう奇抜なキャラクターが手っ取り早いというのもあるよ。でも、それには技量が必要なんだ。本気でやるなら、それなりにしっかりとオカマの技術を習得しなきゃいけない。

この試合に関しては、やっぱりキャラクター勝負になってくるよな。キンキラキンのダスティンがいて、ムタのパートナーはTAJIRI、ダスティンのパートナーは新崎〝白使〟人生と、非常にキャラクターの濃いメンツが集まった。だから、ナイト・ムタというのを考えたんだけど、これはいまいちカッコ良くなかったな。

この2007年は、全日本にWCW時代のタッグパートナーであるバンピーロを呼んで世界タッグ王座を獲ったりしたけど、最大級のインパクトはなんと言ってもハッスルへのムタ降臨だろう。

このハッスルは、総合格闘技のPRIDEを主催していたドリームステージエンターテインメントがやっていたプロレスのイベントだった。ムタにオファーが来た時は、もうPRIDEもUFCに買収されていて、ハッスルエンターテインメントという会社が独自に興行をしていた時期でね。

ハッスルは、以前にW-1がやっていた「ファンタジーファイト」の派生系とも言えるイベントだよな。最初のW－1では格闘家にプロレスをやらせても、結局はしょっぱいだけという反省があった。でも、ハッスルは格闘家どころか、芸人やグラビアアイドルもリングに上げて試合をさせるようになった。

こういう舞台にムタが出ることに関して、「抵抗ありませんでしたか?」なんて聞かれることがある。でも、俺の中ではまったくなかったよ。まだハッスルはエンターテインメントとして完成されていたわけじゃないけど、みんなで一生懸命にやろうとしていたのは伝わってきたよね。

それにエンターテインメントとして、しっかりと金をかけていたよ。だから、ただのお遊戯会ではなかった。ムタには入場の演出に凄く金をかけてくれたし、キャラクターを変える必要もなかったしね。ハッスルはムタを丁重にもてなしてくれた。ギャラも良かったよ。

ムタがハッスルに降臨したのは、6月17日のさいたまスーパーアリーナ『ハッスル・エイド2007』という大会だった。この時、ムタは芸人のレイザーラモンRGに呼ばれて、髙田総統率いる髙田モンスター軍のインリン様とタッグマッチで対峙したんだ。知っている人は多いと思うけど、インリン様というのはグラビアアイドルで、「エロテロリスト」と呼ばれたインリン・オブ・ジョイトイだよ。

ムタは、この試合でインリン様の股間に毒霧を噴射した。前にも言ったけど、ムタの毒霧はTPOを重要視している。いかに心に残る吹き方をするか。そこに頭を使うんだ。

この場合、インリン様はグラビアアイドルだし、M字開脚という股間を恥ずかしげもなくおっ広げるようなエッチなポーズを売りにしていたことがヒントになった。その股間に邪な妄想を抱いていた輩はたくさんいたはずだよ。そこに毒霧を噴射するというのは、ある種の男のロマンティシズムに溢れた攻撃だよな。

このムタの毒霧が種になってインリン様が妊娠し、モンスター・ボノという曙の化身が生まれるというストーリーも面白かったね。このボノが生まれるストーリーは、ハッスル側が考えたんだけどさ。

ハッスルにはRGの他にもレイザーラモンHGとか芸人たちが上がっていたけど、俺は芸人との絡みは経験済みだった。全日本のファン感謝デーで俺のモノマネをしている神奈月と組んで、小島&イジリー岡田と試合をやっているからね。
これはプロレス好きの芸人たちが試合中にそれぞれが得意とするモノマネを披露して

いく形式で、意外と好評だったから後にF-1タッグ王座というタイトルも作って、ファン感謝デーの目玉として定着させたんだ。

RGにも出てもらったことがあるんだけど、あいつが一番つまらなかったね。一番客が白けていたよ。歌芸をやっていたけど、客席がウンともスンとも言わなかった記憶があるな。だから、ハッスルの時もハッキリ言って、あまり印象に残っていない。

ただ、こうしてリング上で芸能人と絡めるのも、俺が普通のプロレスを誰よりも全うしているという自負があるからだよ。ハッスルのようなプロレスは応用編だけど、俺はいつでも本流に軌道修正ができるからね。ちゃんと自分が戻る場所があるというのが強みだよ。

でも、プロレスを真っ当にやっていない人間は応用編しかできないし、戻る場所がない。形だけのプロレスになってしまったり、それだけに依存する輩がいることに関しては正直、気分は良くなかったよ。俺にはちゃんとした「プロレス道」があるんだ。バイブルがあるからこそ、芸人と絡んでも平気なんだよ。

この年の8月には、ムタがプエルトリコに行くことになった。プエルトリコはスーパー・ブラック・ニンジャ以来だから、およそ20年ぶりだったよ。何気にムタとしてはプエルトリコ初見参なんだ。

行ったら、若い頃に世話になったカルロス・コロンがまだいたね。彼がホテルにギャラを持ってきてくれたよ。息子のカーリー・コロンという奴もいたな。あいつはWWEに上がっていたけど、WWCはWWEと繋がっているんだよな。

せっかくプエルトリコに行ったし、思い出の地巡りみたいなことをしようと、ニンジャ時代に住んでいた場所を訪ねてみたんだ。でも、プエルトリコも20年の間に結構、発展したみたいでね。景色が変わり過ぎていて、まったくわからなかった。俺の若い頃には日本人向けのものなんて何もなかったんだけど、ホテルには寿司バーがあったり隔世の感があったね。

プロレスのビジネス自体は、だいぶ落ちているような印象を受けた。でも、居心地のいい島であることは変わりなかったよ。

この久々のプエルトリコ遠征にインスパイアされて、「パイレーツ・ムタ」というのを8月26日の両国国技館大会で出したんだ。まあ、インスパイアされたというか、最初にパイレーツ・ムタを出そうと思ったから、プエルトリコに行ったのかもしれない。この時期はよく海外に行っていたけど、ムタのネタの仕込みも含んでいた部分もあるんだよ。

両国ではまたＴＡＪＩＲＩと組んで、今度はスコット・スタイナー＆諏訪魔とタッグマッチで戦った。

スコットは俺が最初にＷＣＷに行った頃から一緒にやっていた仲だよ。その当時はまだまだ駆け出しの噛ませ犬役のようなレスラーで、そこからよく這い上がったなと思う。新日本にも兄のリックと一緒に来て、人気があったよな。

その後、スコットはＷＷＥに行ってピンでも売れていたけど、この頃は動きもすっかり悪くなっていた。この両国の試合に関しては、スコットとＴＡＪＩＲＩがまったく手が合ってなかったよ。お互いに信用していない部分があったね。

この年は、アメリカにも遠征したんだよな。10月19日にサンフランシスコに呼ばれて、『レッスル・ファンフェスタ』という大会でサンドマン、スティーブ・コリノと3ＷＡＹマッチをやったんだ。印象に残っているのは、またギャラが未払いだったことだな。

前金で75％もらっていたからいいものの、案の定、残りの25％は取りっぱぐれた。もしかしたら、他のレスラーは全然もらっていないかもしれない。この時、最初はウルティモ・ドラゴンと試合をやる予定だったんだよ。それがなぜかカードが変わったんだけど、あいつも会場にいたのは憶えている。

向こうに着いて早々に試合で、時差の中でやっているから凄い眠かったな。しんどさだけが

残った遠征だったね。

12月31日には、さいたまスーパーアリーナで開催された『大晦日！ハッスル祭り2007』というイベントにムタが出現した。ここでインリン様とムタの愛の結晶であるモンスター・ボノと初対面したんだ。親子3人揃い踏みだよ。

まあ、コテコテのストーリーだけど、その中でも合わせられるのがムタの強みだよな。

2008年は、俺にとってもムタにとっても忙しい年になった。まず1月4日、新日本プロレスの東京ドーム大会にムタが降臨したんだ。相手は期待の若手として売り出され始めた後藤洋央紀だった。

後藤はこの年の夏のG1クライマッ

クスで優勝して、IWGP王者だった武藤敬司と対戦することになるんだけど、最初の顔合わせはムタとなんだよ。彼は2007年に海外修行から凱旋帰国して、一躍新日本のトップ戦線に顔を出すようになっていたらしいね。だから、ムタにオファーが来たんだろうけど、後藤は見た目が侍チックでなかなか雰囲気があったよ。

この時期の新日本は俺や橋本たちが抜けたり、総合格闘技方面にヘタに手を出したことのツケで観客動員が伸び悩んでいた。そこに呼ばれたのは名誉なことだよ。

俺の性分として、隆盛を誇っている場所に行っても面白くも何ともないんだ。やっぱり、行くなら何事も発展途上の場所だよな。そっちの方がレスラーとしてやりがいを感じるよ。

だからこそ、ムタだって新日本の大一番に招かれたんだろうし、誰もが呼ばれるわけじゃない。新日本に貢献できる何かがあると期待されて招かれたはずだよ。俺以外にも新日本を辞めていった奴らはたくさんいるけど、辞め方は別にして、こういう招かれ方をするのは光栄だよね。

この年は4月に武藤敬司が中邑真輔に勝って、IWGPヘビー級王座を約8年ぶりに獲るんだ。これは新日本のビジネスを上げることに貢献したと思うよ。

当時の新日本は後藤を必死に持ち上げていた時期だし、エースになる棚橋弘至だって看板を背負って立つ一歩手前という感じだったよな。中邑真輔にしてももしかりだよ。

ただ、俺の遺伝子を持っている棚橋ががんばっていたし、だからこそあいつにバトンを渡したんだけど、その後は俺みたいなゲストはあまり呼ばず、所属選手だけでビッグマッチをやれるようになったよな。

試合も手の合う者同士のプロレスで、クオリティーを高めていった。俺らがやってきた時代のプロレスではないんだけど、その形でビジネスを発展させていったことは、なかなか興味深いよ。

後藤との試合ではムタがＳＴＦを出したんだ。知っての通り、これは蝶野の必殺技だよ。この技って、楽でいいんだよね。攻めながらも休めるというか、呼吸を整えられるからさ。だから、俺もムタも何気に使うことが多いんだけど、後藤との試合でＳＴＦをやっている最中に肩を痛めてしまったんだよな。

どうして痛めたのか原因はよくわからなくて、いきなりバチッと何かが切れてしまったみたいでね。それ以降、いまだに右肩が上がらない状態だよ。

でも、相手がこれくらいキャリアの離れた後輩だと何も気を遣わなくていいから、試合がやりやすい。この日も、ムタのやりたいようにやれたよ。映像を見直すと後藤を流血させていて、この時期はまだそういうことが許された最後の頃なんだろうな。

それとシャイニングウィザードという技を武藤敬司が使い出したのが２００１年からなんだけど、この技の開発はムタにとっても非常に大きかった。ファンがこの技をしっかりと認知してくれたからね。

膝が悪いから、やっぱりムーンサルトプレスを毎回出すのはしんどいよ。ただ、技というのは説得力を客に浸透させるまでが大変なんだけどな。

この東京ドームで後藤とやった後、武藤敬司が忙しくなるんだ。さっきも言ったように、この年は新日本と全日本が密に絡んでいて、4月には俺がＩＷＧＰヘビー級王者になる。その防衛ロードが忙しくて、ムタの出番はないと思っていた。ところが、9月28日、全日本の横浜文化体育館大会でムタが諏訪魔が持っていた三冠ヘビー級王座に挑戦したんだ。武藤がＩＷＧＰを持っていて、ムタも三冠王座を獲りにいくなんて欲張りだと思われるかもしれない。でも、全日本もマッチメークが苦しいという事情があってね。

諏訪魔は2004年にデビューして、キャリア4年足らずで三冠王者になった。とはいえ、まだまだ未熟なところもあったからな。エースとしてはまだ力不足だったし、武藤とムタという2つの人格で新日本と全日本の看板タイトルを同時に保持するという話題性のあることを狙う必要があったんだよ。今考えると、凄いことをやっているよな。ただ、新日本はいい顔をしなかった記憶があるけどね。

馳浩がスカウトしてきた諏訪魔は、昔風のレスラーだった。アマレス出身で、彼らにありがちな自分の実績とか体育会系のこだわりが強かったと思う。アマレス出身の先輩方を見ると、成功している人とそうじゃない人で分かれるよ。

殻を破れた人と破れなかった人というのがアマレス出身者にはいて、長州さんなんかはリング上にアマレスの「ア」の字も出てこない。これは我が山梨の大先輩であるジャンボ鶴田さんもそうだった。この人たちは、アマチュアリズムをひとつも感じさせないよ。それが残っている人たちは、いまいちブレイクしなかったよな。

当時の諏訪魔にもアマチュアリズムの感覚は残っていたし、やっぱり不器用だった。プロレスの場合、その不器用さが魅力に映る時もあるんだけどね。要は、客に好かれてなんぼだからさ。でも、あいつはどこかでそういう自信がなかったように見えたよ。

だから、ブードゥー・マーダーズというユニットに所属して、ヒールをやっていた時の方が楽しそうだった。その後、ベビーフェースに戻ってからも、見た目やキャラクターはヒールっぽかったからな。全日本のファンにしてみれば、あいつは強さの象徴的な存在で、最後の頼みの綱みたいなところはあったんだろうけど、それは完全にベビーフェースになりきらないと無理だからね。

諏訪魔に勝って再び三冠王者になった

ムタの初防衛戦は11月3日の両国国技館大会で、相手はフリー参戦していた鈴木みのるだった。

　鈴木とは武藤敬司としても、2007年にあいつが三冠王座を持っている時にタイトルマッチをやっている。鈴木は新日本の後輩になるけど、デビューしてすぐに新生UWFに移籍したから、ずっと接点がなかったよな。

　それがパンクラスと距離を置いてプロレスに復帰して新日本でちょこちょこやってはいたけど、全日本に上がるようになったのをキッカケに今のようなステータスを築いたと思うし、いまだにがんばって生きている。あのまま新日本にずっといたら、今みたいな使われ方はしていないと思うよ。それほど目立つ存在ではなかったしね。全日本を経由して新日本に戻ったからこそ、あいつはあそこまでのレスラーになったんだ。

さっき発展途上の場所に行く方がレスラーとしてやりがいを感じると書いたけど、発展途上というのは人も育てるんだよ。プロレスラーとして発展途上だった鈴木は、発展途上だった全日本プロレスという場所でいろいろな経験をして育ったんだと思う。

もちろん、俺にしても彼を使うことで、全日本にビジネス上でいい影響を与えてくれるんじゃないかという勝算はあった。化ける可能性は感じていたし、だから使ったわけだからね。

この当時の鈴木は、フリーとして生きていかなきゃいけないから、今よりもっとガツガツしていたよ。それにNOSAWA論外やMAZADAといった東京愚連隊の連中と組んでいたことも大きかったと思う。彼らはインディー団体を渡り歩いて、プロレス業界を生き抜いてきた男たちだからね。まだプロレスの転がし方がわからなかった鈴木は、彼らと一緒に行動することでプロレスというものを吸収できたんじゃないかな。

　俺は、この年にプロレス大賞のＭＶＰを獲った。２００４年には佐々木健介、２００５年には小島聡、２００６年には鈴木も獲っているんだ。みんな全日本に上がるようになってから、マスコミの評価が上がったんだよね。全日本に上がることによって、みんないい形でプロレスをやっていたと思うよ。

　それに鈴木は、新日本の道場やＵ系団体で培ってきた素晴らしいグラウンドの技術を持っている。その技術を試合前に当時の全日本の若手たちにスパーリングをしながら教えてくれていたよ。太陽ケアなんかも加わっていたけど、さながら彼の師匠である藤原喜明さんが新日本時代にやっていた藤原教室ならぬ鈴木教室だったよな。

　これは凄くいいことだよね。今、プロレスリング・ノアには桜庭和志が参戦していて、同じように若い選手たちが彼とスパーリングしたりするんだけど、俺はドンドンやった方がいいとハッパをかけているよ。

　そういう基礎的なレスリングは絶対に覚えておいた方がいいというのが俺の考えだからさ。強い弱いは抜きにして、馴染んでおいた方が絶対にいいよ。現代のレスラーは、あまりにもその技術が疎かになり過ぎているんじゃないかな。

　やっぱり、俺も猪木さんの弟子なんだよ。だから、プロレスは戦いだと教えられた。若手の頃は客に媚を売っていたら怒られたし、最初から戦う姿勢を見せないといけなかった。

俺は試合開始前に相手とにらみ合って額を突き合わせたり、顔を張ったりするようなプロレスが大嫌いなんだ。こういうプロレスって、俺には媚を売っているように感じる。

俺はエルボー合戦だってしないし、チョップ合戦もしないよ。昔のレスラーは、あまりそういうことをやらなかったよね。ちゃんとグラウンドの攻防から入って、「戦い」としての緊迫感を出していたよ。

これは余談になるけど、アメリカはチョップよりもパンチなんだ。フレアーはチョップを使うけど、パンチが上手く打てないレスラーはプロモーターに使ってもらえない。確かに、チョップは音が凄いよ。でも、パンチの方が痛く映るからね。

そもそもチョップは喧嘩では使わない技だしな。だから、そこにリアリティーのなさを感じたりもするけど、今はプロレスがそういう方向に進化してしまったんだと思う。

この間、清宮海斗とGHCヘビー級王座のタイトルマッチをやったけど、試合後に「アメリカンスタイルの試合ができて懐かしかった」というコメントを出したんだ。俺がやっている試合は、昔ながらのアメリカンスタイルだよ。俺は離れて戦うのは好きじゃない。なるべく密着して戦っていたいという気持ちがある。あの清宮との試合のスタイルが昔は基本だったし、みんなああいうプロレスをやっていたんだよ。

でも、今ではやる人がいないから、俺のスタイルっぽく見えてしまうんだ。隙間産業じゃないけど、それはそれで得している部分でもあるよね。

だから、鈴木のグラウンドの技術もちゃんと吸収すれば、レスラーとしての技量も上がっていくと思うんだよな。そういう意味でも、彼は全日本に貢献してくれたと思っている。お互いにウィン・ウィンの関係が築けたんじゃないかな。

鈴木はその後、全日本を去って、新日本を主戦場にした。やることをやりきったんだろう。やりきったらテリトリーを移るのは、アメリカを経験している俺からしたら当たり前の行動だよ。だから、俺も快く送り出した。

２００８年の締め括りは、12月30日に有明コロシアムで開催された『ハッスル・マニア２００８』だった。ムタがエスペランサー・ザ・グレートと戦ったんだよ。

エスペランサー・ザ・グレートというのは、髙田さんのハッスルでのキャラクター・髙田総統の化身であるザ・エスペランサーのパワーアップバージョンということらしい。要するに、１９９５年10月９日に東京ドームでやった武藤敬司vs髙田延彦をそれぞれの化身で再現したということだよ。

ただ、再現といっても、ファンタジーの世界での再現だからな。そうなると、やっている当事者よりも、見ている客がどう思ったかという話になる。プロレスファンの中で武藤vs髙田戦は〝記憶〟になっているわけだから、もしかしたらこれは貯金の切り崩しだったのかもしれない。そこは客によって見方も変わってくるよね。

ムタは武藤vs髙田戦で試合を決めた足４の字固めも出したけど、客がこのファンタジーの世界をどう解釈するかだよな。ただ、凄く間のある試合になったことは確かで、ぶっちゃけた話、髙田さんも新日本にいた時にこのくらいの間を持ってやっていたら、もう少し味のあるレ

スラーになっていたかもしれないよ。

ムタはムタで、これでプロレスが成立するなら肉体的に凄く楽なんだ。だって、動かなくていいんだからさ。でも、その動かないというのも技術で、こういう試合は誰でもできるわけじゃないんだよ。

さっきも話したように、こういう試合をやっても俺はいざとなれば保守本流に戻ればいい。レスラーとしての幅の広さを見せるだけだからね。それにムタはキャラクターが壊されていないからいいよ。ハッスルに出ていた天龍さんや川田利明は、壊されまくったもんな。

天龍さんにしろ、川田利明にしろ、本業のプロレスをしっかりとやっていた人たちだよ。でも、本人たちはどう思っていたか知らないけど、もしかしたらハッスルに出て少しネームバリューを落としたかもしれないよな。やっぱり素顔で本業と似たようなことをやっているからね。ハッスルに絡むのはムタだから許されたというのがあるかもしれないし、もし武藤敬司として上がっていたら俺も壊されていたかもしれないよ。

ただ、ハッスルはギャラが良かったからね。ここで稼いだ金は全日本に食われていったけど、これは俺がやっていた会社だから致し方ない。みんなハッスルには未払いを食らったようだね。でも、俺に関しては払いは良かったからさ。まあ、途中から値切られはしたけどな。

年が明けて、２００９年は武藤敬司としてデビュー25周年、グレート・ムタとしては20周年というメモリアルイヤーだった。

それを記念して、3月のシリーズは久々に全戦ムタで巡業に出たんだ。試合も真田聖也

（現・SANADA）とか若い奴らとシングルマッチをやったりしたよ。そして3月14日の両国国技館大会では、髙山善廣を相手に三冠王座の防衛戦をやった。
　髙山はあの容姿をひと目見た時から、「こいつはアメリカに行っても成功するんじゃねえか」と思っていた。彼がUWFインターナショナルに所属していて、新日本との対抗戦に出ていた頃の話だよ。まだキャリアは浅かったんだろうけど、身長も高いし、見た目の不気味さもあったからね。それくらい彼はキャラクターが立った存在だった。
　ただ、この試合まで交わるような接点は、なかなかなかったんだよな。団体も違うし、プライベートでの交流なんてなかったからさ。この髙山との試合でムタは三冠王座を落とすんだけど、試合中にラバーマスクが脱げてね。中はスキンヘッドも含めてペイントをしていて、これは1996年のライガー戦のようなインパクトを狙ったんだ。

9月13日の後楽園ホール大会ではKIYOSHIとタッグを組んで、諏訪魔&近藤修司と対戦した。KIYOSHIというのは、全日本にいた雷陣明だよ。この時期はアメリカのTNAへ海外修行に出ていて、向こうでのリングネームがKIYOSHIでね。この時は一時帰国して、ムタと組んだんだ。

KIYOSHIって、要するにムタみたいな毒霧を武器にしたペイントレスラーなんだよ。これは俺がやれと言ったんじゃなくて、TNAの要請でそういうキャラクターになったんだと思う。

後に真田も向こうでグレート・サナダなんてのをやらされていたけど、TNAはムタのギミックが好きなんだろうな。日本から行った連中は、たいがいみんなやらされているよ。KIYOSHIという名前にしてもTNAが勝手に決めたものだけど、かなり適当だよな。

まあ、それだけアメリカでムタが残したインパクトが大きかったということだろうね。そこは光栄だなと思う。ただ、向こうのプロモーターにしてみれば、東洋人だからとりあえずムタみたいにしておけばOKみたいなところはあったんだろうな。つまり、ムタが作ったギミックがひとつの型になって、アメリカで定着したということだよ。

そういえば、KIYOSHIの前にアメリカに行った宮本和志も同じようなキャラクターをやらされていたみたいだね。でも、KIYOSHIにしてもグレート・サナダにしても化けきっていないというか、あまりカッコ良くはなかった。この系統のギミックを一番上手くこなしたのは、やっぱりTAJIRIになるんだろうな。古い話だから忘れ去られているかもしれないけど、10年くらい前はまだムタのギミックが向こうでもてはやされていたんだ。

ところで、この3年ほどムタが関わってきたハッスルも終焉を迎えた。経営難に陥って、各方面へのギャラの未払いとかが続いていたみたいでね。結局、２００９年10月10日の『ハッスル・ジハード』という両国国技館での大会がラストになった。

ムタはこの大会で試合こそしていないものの、キングRIKIに毒霧を吹きかけて宣戦布告したんだよ。キングRIKIというのは俳優の竹内力さんが扮したキャラクターで、その後の大会でムタと試合をする予定だったんだ。

でも、ハッスル自体が崩壊してしまったために、幻のカードで終わってしまったんだよ。続きがあったら面白いことになっていたかもしれないし、非常に残念な結末だったね。

この後、ムタは台湾に登場する。前年に全日本プロレスが22年ぶりの台湾遠征を行って好評を博し、2年連続の台湾での興行開催だった。

試合は11月20日と21日の2日間、台湾大學総合体育館という会場で開催された。その初日にムタがゾディアックとの試合で台湾初見参を果たしたというわけだよ。

台湾には伍佰（ウー・パイ）というミュージシャンがいて、彼がまた俺のファンなんだ。普段はメディアの前に出ない人なんだけど、台湾の最初の興行の時は一緒に記者会見までしてくれたくらいだからね。『閃光魔術』という曲も作ってくれて、そのＰＶには俺も出演しているよ。

どうしてそんな俺の熱狂的なファンがいるかというと、台湾って新日本プロレスの試合映像が流れていたりして、日本のプロレスが人気あるんだ。だから、ムタが登場した時、日本よりも反応がいいくらいだったよ。

俺は台湾では、そこそこ有名なんだ。横浜のラーメン博物館に行った時に、台湾から来た修学旅行生に囲まれたこともあるからな。

翌２０１０年は俺にとっては試練の年というか、膝の手術をしたんだよ。ムタは1月30日にロサンゼルスで開催された『レッスル・リユニオン』という大会で全日本のＫＡＩと組み、スコット・ロスト＆ジョーイ・ライアンという連中と対戦している。そういえば、この大会には新日本から獣神サンダー・ライガーも来ていたよ。この後、膝の手術をして長期欠場に入り、ムタが復活するのは夏になってからだった。

復活の舞台は8月29日の両国国技館大会で、相手はＫＥＮＳＯという男だよ。こいつは新日本の後輩で、明治大学ラグビー部出身の超大物新人として２０００年にデビューしている。その後、新日本を出てＷＪに移籍し、そこも辞めてＷＷＥに行ったんだ。そのＷＷＥをクビになってから、日本のハッスルで狂言師の和泉元彌と対戦したり、メキシコのＣＭＬＬやＡＡＡなんかを渡り歩いていたと聞いている。

試合は、こいつの要望でＴＬＣマッチをやったんだよな。要するにテーブル、ラダー（梯子）、チェアーを使ったハードコアスタイルだよ。手術明けだというのにＫＥＮＳＯの体の上にテーブルを乗っけてムーンサルトプレスまでやったから、ムタはがんばったなと思う。

ただ、俺がプロデューサーとしてＫＥＮＳＯを使うなら、女房の鈴木浩子ありきだよな。普通に考えたら、ＫＥＮＳＯよりも浩子の方が面白いよ。何しろ、日本人で初めてＷＷＥのディーヴァをやった女性だからね。今では千葉県の県議会議員になっているらしいから、大したもんだよな。

ＫＥＮＳＯもＷＷＥではそれなりのランクでやっていたみたいだし、メキシコでも食っていけていたんだろうから、そこそこのレスラーなんだろう。１９０センチを越える身長を持っていて、素材としては抜群だったと思う。あのまま新日本に残ってストロングスタイルをやっていたら、棚橋よりも上を行っていたかもしれないよ。

まあ、これはあくまで可能性の話で、本人の考え方が少々デタラメなところがあったから、別の道を歩んだんだろうな。これはあいつの性分だから、俺が何を言っても仕方がない。

このＫＥＮＳＯとの試合の後、俺は膝の手術明けということもあって試合数を制限するようになった。巡業には、ほとんど出なくなったよ。でも、その影響で全日本のビジネスも落ち始めたんだ。やっぱり俺が出ないとダメなんだよな。

ＫＥＮＳＯは今、共同テレビジョンという会社に入って、ＢＳフジで放送されている番組『反骨のプロレス魂』のプロデューサーをやっている。２０２１年の正月に、この番組で俺の特集をやってくれたんだ。インタビューで「ＫＥＮＳＯが来るようになってから、全日本はだんだんとビジネスが落ちたんだよ」と言ってやったら、放送ではカットされていたけどね。

そのＫＥＮＳＯとムタがどういう訳かチームを組むことになって、翌２０１１年6月19日の両国国技館大会で曙&浜亮太から世界タッグ王座を奪ったんだ。この試合では曙と浜がムタの毒霧を防ぐために、ゴーグルを装着するなんてことをしていたよ。この時点でムタが出現してから20年以上が経っているわけだけど、こういう防御の仕方はそれまでなかったよな。こういうことも日本のプロレスで許されるようになってきたということだよね。

10月23日の両国国技館大会ではメキシコのＡＡＡから来たダーク・オズ&ダーク・クエルボを相手に防衛戦をやった。この試合ではムタ&ＫＥＮＳＯの応援団として、アイドルのももいろクローバーＺという女の子たちが駆けつけて来てくれたんだ。
ももクロのマネージャーと

いうのが元々プロレスファンなんだよ。そういうこともあって、俺と神奈月で彼女たちのライブに出演したこともあるんだ。彼女たちは『Ｃｈａｉ Ｍａｘｘ』という曲で、俺のＬＯＶＥポーズをやっていたりもするんだよ。まあ、それは俺が教えたんだけどね。両国大会の時は『ぐれーとクローバーZ』として、みんなムタのようなペイントを施して出てくれた。

キティちゃんもそうだけど、こういった異業種とのコラボレーションは後に新日本もやったりしたよね。でも、常に俺が最初に消化するんだよ。

俺の立場からしたら、結局、全日本は地上波のテレビがないわけだからさ。そのハンディキャップを補うために、利用できるものはどんどん利用していくことしか考えていなかった。世間にアピールするためには、アイドルにしてもモノマネ芸人にしても貪欲に利用していくしかなかったんだよ。

まず知ってもらうことが大事だからね。このももクロが出てくれた大会も、彼女たちのファンが結構来てくれたんだ。でも、そういうプロレスに興味のない人たちに知ってもらえさえすれば、俺は「保守本流のプロレス」でみんなの気持ちを捕まえるくらいの自信は常に持っているよ。

この頃は武藤敬司の活動が自粛気味だったから、ムタの出番も限られるようになってきたよな。ももクロと共演した後は、11月5日にムタが2度目の台湾降臨を果たした。

翌2012年6月1日にはまたアメリカに行って、ニュージャージーで開催されたＰＷＳという団体の5周年記念大会にＫＡＩと組んで出場している。相手はサミー・キャラハン&アン

ソニー・ネスという若いレスラーだった。
その時は、試合後にプロレス教室やサイン会もやったんだ。どうしてこんなにも俺のことを知っているファンがいるんだというくらい人が並んだよ。400〜500人は並んでいたと思う。それが不思議でしょうがなかったね。
だって、ムタがWCWで活躍していた頃から、すでに20年以上経過しているわけだからさ。それでも憶えていてくれるファンがアメリカにいるという事実は、非常にうれしいことだね。
ファンの年齢層も、若い人から俺と同年代くらいの人まで幅が広かった。彼らは昔、新日本で出したグッズなんかをたくさん持っているんだよ。自作のフィギュアを勝手にWWEの箱に入れて持ってきた奴もいたな。ありがたいことだけど、プロレスファンというのは熱心さが底抜けだよな。この間、蝶野から聞いたんだけど、俺や蝶野をゲームのキャラクターにしてYouTubeに上げている人もいるらしい。

プロレス教室は、この後も結構やっているんだよ。相手はレスラーの卵たちというかセミプロみたいな連中だけど、とりあえず適当に教えてやるとみんな喜ぶんだ。

結果的に全日本でのムタでの試合は、このアメリカ遠征が最後になった。翌年、俺が全日本を辞めてしまったからね。

Chapter 5

WRESTLE-1～PRO-WRESTLING NOAH ERA

2013年5月31日、俺は全日本プロレスを退団した。その数年前に社長を退いて会長という立場だったけど、その会長職も辞めて、選手契約も解除したんだ。

当時、全日本は白石伸生という男に身売りしていて、そいつがかなりデタラメな男だったから会社の中がガタガタになってしまった。これ以上、続けられないと思って全日本を辞めたんだ。

そして、同じく全日本を退団した選手たちと共に、新たにWRESTLE-1（以下、W-1）という団体を7月に立ち上げた。W-1という名前の団体やイベントに関わるのは、これが3度目だよ。よくよく縁があるんだな。

W-1はその年の9月8日にTDCホールで旗揚げして、意外とグレート・ムタの出番も早かった。旗揚げ2戦目の9月15日、名古屋国際会議場大会に出ているからね。カードはTAJIRIと組んで、レネ・デュプリ&ゾディアックとのタッグマッチ。旗揚げ3戦目の京都・KBSホール大会でもTAJIRIと組んで、河野真幸&KAZMA SAKAMOTOと対戦している。

まあ、W-1は全日本と違って、若い連中に任せていたところがあった。俺自身、全日本時代の後半から試合も制限しなきゃいけないようなコンディションだったし、一歩引いたところで見ていたよ。

だから、現場はカズ・ハヤシや近藤修司といった面々を中心にやっていて、彼らも新しい環境でやる気だった。ご存じの通り、今はこの狭い日本にプロレス団体がいくつも乱立しているという状況だよ。俺が全日本の社長になった時とは、プロレス界の環境が変わっていた。新日本プロレスが完全に息を吹き返して一人勝ちしているような状況だったし、そこに対抗する手段を彼らなりにいろいろ考えたんだろうな。

全日本のビジネスも後半は悪くなっていた。そんな団体がさらに分裂して、果たして軌道に乗せられるのかという疑問もあった中で、やっぱりメジャーと同じ手法ではダメだと考えたんだろうね。それが試合の合間にスキットを入れたりするような手法だったんだけど、俺はそういうプロレスはよくわからないから彼らにお任せだった。ただ、そのやり方がハッスルもどきに見えてしまったことは否めないよ。

ハッスルのところでも触れたように、こういうことをやるなら金をかけないと学芸会になる。スキットをやるにしても、本物の役者だったらドラマや映画の撮影の前に台本の読み合わせをするのに、そういうこともやらないし、ちょっと詰めが甘いなと思った。そういう拙い部分が出てしまうと、どうしても学芸会に見えてしまうんだ。俺としては膝が痛かったから任せるしかなかったし、「こういうのが未来型のプロレスなのかな」と思いながら傍目から眺めていたよ。

そもそも、人には向き不向きがある。口下手な奴に喋らせてもしょうがないし、W－1の連中はあまり喋りが達者ではなかったからね。

自分で言うのもなんだけど、俺の名言のひとつとして「プロレスはゴールのないマラソン」という言葉がある。前にも書いたように、これは俺がデビューした頃に発した言葉で、それがあれから40年近く経っても、まだ生き続けているんだよ。

やっぱり、レスラーの発する言葉はドキュメンタリーなものの方がいいと思う。猪木さんにしろ、長州さんにしろ、あの人たちの発する言葉はマスコミが見出しにしやすかったよ。長州さんの「噛ませ犬」とか、いまだに使われるからね。滑舌がデタラメに悪くても、こういう心の底から出る言葉の方が伝わるんだよな。

スキットの中での言葉は、所詮、自分の言葉じゃないからね。これは試合後のコメントやリング上でのマイクアピールも同じで、今の選手の言葉は言わされている感が出てしまう。その選手の人間味が伝わらないんだよな。プロレスラーは、人間味がないとダメだと思うよ。特に日本はね。日本のファンやマスコミは、そこを敏感に感じ取るからさ。

まあ、そんな訳でW-1は若い連中にお任せだったから、この時期にムタを出したのも彼らのリクエストによるものだよ。

年が明けて2014年、久々に新日本プロレスの1・4東京ドーム大会にムタが出場した。矢野通という男に呼ばれて、鈴木みのる&シェルトン〝X〟ベンジャミンと試合をしたんだ。

この当時、新日本のリングで矢野と鈴木が抗争をしていたみたいでね。矢野が鈴木に対して「お前が一番嫌いな奴を呼んできてやる」ということで、ムタが呼ばれたらしい。向こうでやっているストーリーだから、詳しいことはよくわからないよ。この試合においては、ムタも付け足しみたいなもんだよな。

ただ、入場の演出は凝っていたよ。この大会の演出は、ももいろクローバーZのライブの演出をやっていた佐々木敦規さんという人が手掛けて、ムタはヤマタノオロチをイメージした大

蛇がステージでウネウネしているところからの登場だった。コスチュームも近未来的なイメージにバージョンアップさせていたし、ムタはやっぱり大舞台で映えるよ。
鈴木とは、前に書いた通り全日本時代に散々やってきた。矢野に関しては、東日本大震災後の『ALL TOGHTHER』というオールスター戦で絡んだだけだと思うよ。こいつもレスリングベースでありながら、それをまったく感じさせない男だったな。レスリングの色がひとつもないよ。
W-1は、立ち上げてからアメリカのTNAという団体とすぐに業務提携を結んだ。当時のTNAは、WWEに次ぐアメリカで2番目に大きな団体だったよ。
そういうこともあって、ムタもTNAのリングに登場することになった。2014年3月9日、向こうのPPVイベント

『ロックダウン』に真田聖也、中之上靖文と一緒に出場したんだ。TNAのリングって、なぜか六角形なんだよな。これが凄くやりづらかった。この年は6月25日に再びTNAのニューヨークの大会に出て、ロビーEという奴とも試合をしたよ。

その後、7月6日にはW-1の両国国技館大会でムタが真田とシングルマッチをやったんだ。今、真田は新日本プロレスで「SANADA」という名前で活躍しているから、ここからはその表記にするよ。

元々、SANADAは全日本プロレスにいて、早い話が俺の弟子だよな。あいつは海外志向だったこともあって、この時期はアメリカのTNAで修行していたんだ。向こうではグレート・サナダという名前で、ムタみたいに顔にペイントを施して試合をさせられたんだけど、本人は凄く嫌がっていたよ。でも、それが会社の命令なら、やらざるを得ないからな。

あいつはKAI、大和ヒロシ、BUSHIといった連中と同期でね。一人だけ高卒で入ってきて、年齢も一番下だった。そういう意味で、W-1のスタッフたちの彼に対する期待は大きかったんだよ。

SANADAって、ああ見えて凄く頑固なんだ。これって全日本時代に一緒だった西村修の影響だよ。

この間、西村から電話がかかってきて、途中で替わったのがSANADAだった。あの野郎も西村もベロベロに酔っ払っていやがったよ。ただ、頑固なのはいいけど、あまり頭が良くないから、喋らせるとダメなんだ。ましてや、あいつは海外にいた時にジミー鈴木という男から

REFEREE

余計な知恵を付けられていたからね。まあ、新日本でも扱いがいいらしいし、がんばってほしいよな。ちなみに、ムタはこの試合で状態がいい方の左の膝まで痛めてしまったよ。

その後、10月12日にはW-1が協力して後楽園ホールで『バウンド・フォー・グローリー』というTNAのPPVイベントも開催した。ムタはTAJIRIと組んで、相手はグレート・サナダ&ジェームズ・ストームというカードだったよ。もう少しTNAといい関係が続けば、もしかしたらW-1も違う状態に持っていけたかもしれないんだけどね。

翌2015年には、またアメリカに飛んだ。今度は日本テレビで放送している『アナザースカイ』という番組のロケで、テーマは俺のプロレスのルーツを辿る旅だった。

行き先はフロリダのタンパ。俺が最初に海外修行を積んだ場所であり、ムタの原点であるホワイト・ニンジャが誕生した土地だよ。

その思い出深い土地を巡りつつ、オーランドのユニバーサルスタジオでTNAがテレビマッチの収録をしているということを聞きつけた。どうせなら俺も稼ぎたいし、日本テレビもそういう模様を撮りたいという欲求があるだろうから、試合出場のオファーを出したんだよ。そうしたら、OKをくれたんで急遽、ミスター・アンダーソンという元WWEの選手とシングルマッチをやったんだ。

この2015年で印象に残っているのは、ザ・グレート・カブキさん、TAJIRI、ムタでトリオを組んで何試合かしたことだね。

TAJIRIは、この時期はW-1の所属選手になっていた。彼はハッスルが崩壊してから

ＳＭＡＳＨという団体を立ち上げたんだけど、それも終わって、新たにＷＮＣという団体を旗揚げしたんだ。でも、それもうまくいかなくなったんで、Ｗ－１がＴＡＪＩＲＩを含めＷＮＣに所属していた選手たちを吸収したんだよ。

やっぱりムタにしてもＴＡＪＩＲＩにしても、そのキャラクターのルーツはカブキさんになるよな。カブキさんから始まった東洋系のペイントレスラーは何人もいたよ。でも結局、最後まで生き残ったのって、この３人しかいないと思うんだ。

アメリカみたいに作られたストーリーもいいけど、この３人が組んだ背景にはリアルなストーリーがあるからね。俺なんかは、こういう自然と流れるストーリーの中での試合の方が好きだよ。Ｗ－１のリングで３人揃い踏みを果たし、並んで毒霧を噴射したのはいい思い出だね。

それから9月21日の後楽園ホール大会では、長年にわたって戦ってきた天龍さんと最後の試合もしている。天龍さんはこの年の11月に引退することになって、その前にいろいろな団体に顔を出していた。

やっぱり、俺もムタも天龍さんとはたくさん試合をしてきたし、最後に記念としてＷ－１にも上がってもらったんだ。この試合で天龍さんはムタにキスをしてきて、口移しで毒霧を奪って、逆にぶっかけるなんてことをやったよな。最後の最後までプロレス頭が柔軟な人だったよ。

天龍さんと試合をしてから、しばらく時間が空いて次にムタが登場したのは２０１６年だった。この年は夏頃に、今は樋口〝イケメン〟壮士朗という名前でＷＷＥにいる黒潮〝イケメン〟二郎と絡んだんだよ。こいつはＴＡＪＩＲＩの弟子筋にあたる男でね。要はＴＡＪＩＲＩ

と一緒に、ＷＮＣからＷ-１に移籍してきたんだ。

最初は６月８日の後楽園ホール大会でムタvsイケメンのシングルマッチをやったんだけど、あいつは試合の途中で怪我をしてね。その試合後にムタがイケメンを拉致して、続く７月１日の後楽園ホール大会ではイケメンが変身した「武・殺忌苦（ブ・サイク）」というキャラクターとタッグを組んだ。

彼がどういうレスラーになりたいのかはわからないけど、武・殺忌苦というキャラクターをひとつあてがうだけで、本人も考えるようになる。そのキャラクターをリング上でこなすには、どうしたらいいのかとね。それだけでいいんだよ。考えることがレスラーとしての成長に繋がるからさ。

彼も海外志向が強い選手で、２０２０年に念願だったＷＷＥと契約できたから、師匠のＴＡＪＩＲＩみたいに大きく羽ばたいてほしいよ。

今は女子も含めて、日本人の選手が何人もアメリカのＷＷＥやＡＥＷに行っている。これも時代の流れだと思うよ。野球もそうだからね。

俺がアメリカに行った時代には、日本人のメジャーリーガーなんて誰もいなかった。唯一、アメリカでがんばっていたのはゴルフの岡本綾子さんだったね。今は中邑真輔ががんばっているし、彼に憧れてアメリカを目指す若い奴が増えているんだろうな。どんどん続けばいいと思うよ。

ところで、２０１７年に俺は新たな試みを始めることになった。それが『プロレスリング・

マスターズ』というイベントだ。

これは俺が過ごした1990年代の新日本プロレスにいた選手を中心に、レジェンドと呼ばれるレスラーたちに試合をしてもらうという趣旨の大会だよ。

その第2回大会が7月26日に後楽園ホールで開催されて、この日は馳浩にリングに上がってもらった。馳は日本のムタの基礎を作ってくれた相手だけど、ご存じのように2006年にレスラーは引退している。長く国会議員を務めていて、文部科学大臣になったこともあるから大したもんだよな。

ただ、彼はやるとなったら本気だからね。それは昔から変わらない。政務の合間を縫って、議員会館にあるジムでしっかりと体を作っていたから、素晴らしいコンディションでリングに上がってくれたよ。

その馳の相手は、やっぱりムタがやるしか

ないよな。馳のパートナーは長州さん、藤波さんという新日本の大先輩方。ムタのパートナーは、お馴染みのカブキさんとプエルトリコ時代に何度も試合をやったTNTを呼んだ。俺の思い入れのある選手の一人だよ。

この『プロレスリング・マスターズ』というのは、これまでのプロレス人生で作った貯金を切り崩しながらやっていたイベントなんだけど、ファンが持っている思い出はやっぱり強いからね。たまにはその思い出で勝負してもいいんじゃないかなと思って、継続的にやっていたよ。俺としては、やりがいを感じたイベントだった。

でも、膝の方は相変わらず悪くてね。2018年に俺は一大決心をすることになった。遂に人工関節を入れる決断をしたんだ。もう普段から歩くのも困難な状況に追い込まれていたからさ。

本当は人工関節を入れる手術は、W‐1ができる前にやろうと考えていたんだよ。でも、新団体を急遽、旗揚げすることになったから延期していたんだ。その間に技術も進歩して、人工関節を入れてもプロレスができるという話だったから、ここに来て俺も決断したんだよ。

でも、その代償として俺の代名詞でもあるムーンサルトプレスは封印しなきゃいけなくなった。人工関節は金属で、膝の皿がムーンサルトプレスによる衝撃に耐えられないんだよ。ということで、W‐1のリングで「ラスト・ムーンサルト」と題した試合を武藤敬司としてやった。それが3月14日の後楽園ホール大会で、最後に餌食になったのは俺の全日本時代の付き人、河野真幸だったよ。

でも、最後にムーンサルトプレスを出したのは武藤敬司じゃなくて、ムタなんだ。3月25日にDDTの両国国技館大会にムタが招かれてね。この日、6人タッグマッチでムタが石井慧介という選手からムーンサルトプレスで3カウントを奪ったのが正真正銘、最後になる。まあ、気持ち的にはもう後楽園ホールの試合で終わっていたし、この日は別人格のムタだったから、それほど感慨はなかったな。

ただ、この試合に行く途中、車をタクシーにぶつけて事故ってしまったんだよ。だから、あまりいい気分で試合には臨めなかったんだ。大した事故じゃなかったし、偶然おまわりさんも近くにいたから、俺がすべて弁償するということで示談になったんだけどね。

相手チームにいた男色ディーノという選手は非常にキャラクターが濃いけど、ムタはそういう奴が相手でも潰されない強みがあるよな。この試合でもケツに毒霧を吹きかけてやったし、ちゃんと爪痕は残せたと思うよ。

ムタのパートナーになった佐々木大輔、遠藤哲哉という若い衆もよく動いてくれた。それからディーノのパートナーだった石井慧介という奴は、俺が社長をやっていた時期の全日本プロレスにいたんだよな。そこから逃げ出したにもかかわらず、がんばっているなと思いながら試合をした記憶があるよ。このDDTでの試合を最後に約1年間、人工関節の手術を受けた武藤敬司もグレート・ムタもお休みということになる。

その後、リング復帰は、まずムタが先陣を切った。アメリカのHOGという団体が招聘してくれてね。2019年4月6日、ニューヨークでTAJIRI、ペンタゴン・ジュニアと組んで、ロウ・キー&オルティス&サンタナというチームと試合をしたんだ。これが1年ぶりの復帰戦になる。

WWEは3月下旬から4月上旬の時期に年間最大のイベント『レッスルマニア』を開催していて、この年は開催地がニューヨークだった。その前後の1週間くらいはレッスルマニア・ウィークと呼ばれて、世界中からプロレスファンが集まってくる。

それに便乗しようと、インディー団体も開催地の周辺でこの時期に興行を開催するんだけど、HOGもそういう団体のひとつなんだ。小さな興行の他にもファンフエストみたいな形でレジェンドレスラーが集まったり、サイン会が催されたりして、『レッスルマニア』が開催される都市は大いに賑わうんだよな。

ちょうど、そのニューヨークでは俺の古巣である新日本プロレスも興行を開催していた。し

SUCCESS
ラウザゲーム
リング★ドリーム

かも、会場はあのマディソン・スクエア・ガーデンだよ。マディソン・スクエア・ガーデンは昔、WWFが本拠地にしていた会場で、バスケットボールやボクシング、あるいはミュージシャンのライブもたくさん開催される。ニューヨークのシンボリックな場所で、かつて猪木さんや藤波さんも上がったことがあるよな。

新日本は提携しているアメリカのROHと合同で、このマディソン・スクエア・ガーデンに進出したんだ。せっかくアメリカに行くということで、この時は俺から新日本に試合を売り込んだんだよね。ギャラはもらうけど、交通費はかからないし、向こうにとってもなんでもない話だったと思うよ。

ただ、カードはすでに決まっていたから、ムタはバトルロイヤルに出ることになった。まあ、小遣い稼ぎになるし、それでもいいよってことでね。新日本にしてみれば、安い買い物だったはずだよ。

ムタが出場したのは、第0試合の1分時間差バトルロイヤル「HONORランブル」だった。これは1分ごとに選手が次々とリングに上がってバトルロイヤル形式で戦い、最後まで残っていた人間が勝利というルールでね。

ムタの登場は最後の30人目で、完全にサプライズだった。だから、会場が凄く盛り上がっていたよ。リング上では懐かしいキング・ハクさんもいたし、鈴木みのる、矢野通とか少し前に絡んだような連中もいた。

俺は忘れていたけど、石井智宏も2008年に中邑真輔とIWGP王座を争っていた時期に前哨戦で試合をしているんだよな。この年の6月には、長州さんの引退試合でも絡んだよ。

その他は、もう俺の知らない連中ばかりだった。そんな中で最後に獣神サンダー・ライガーと少しだけだけど、絡むこともできたよ。ライガーは、この年の3月に引退を宣言していた。だから、このマディソン・スクエア・ガーデンがライガーとムタの最後の絡みになったんだ。20年以上前になるけど、ムタとライガーは印象的な試合をやっているし、同じリングに立っただけでもファンには、いいプレゼントになったんじゃないかな。

バックステージでは、ROHのスタッフが何人か挨拶に来てくれた。俺は憶えていなかったけど、どうやら若い頃のフロリダ時代に関わっていた連中だったらしい。

この日は復帰戦で、いきなり1日に2試合もやったんだ。でも、膝は前のような痛みはなかったよ。調子はあまり良くはなかったとはいえ、人工関節を入れてからの試運転としては上々だったと思う。

その後、6月8日にムタは再びアメリカに渡って、HOUSE OF HARDCOREという団体に上がった。この時はトミー・ドリーマーと組んで、マイケル・エルガン&ジョニー・インパクトと試合をしたよ。エルガンって、この少し前まで新日本で活躍していたレスラーだよな。

11月にもアメリカのボルティモアに行って、この時はサイン会とトークショーだけだった。通訳はサニー・オノオがやっていてね。スティングをはじめとした懐かしい面々と再会することができたよ。さらにAEWという団体に招かれて、ゲストとしてリングサイドで試合を観戦したんだ。俺の隣にはアーン・アンダーソンがいたよ。ＡＥＷってケニー・オメガたちが中心になって立ち上げた団体で、ＷＷＥに対抗しようとがんばっているよな。

この年の12月1日にはＮＷＡでニック・オルディスというレスラーとも戦った。今のところ、アメリカで試合をやったのはこれが最後だと思う。翌年もアメリカやイギリスからいつくかオファーが来ていたんだ。でも、新型コロナウィルスの影響で全部キャンセルになってしまったからね。今の状況を考えると、しばらく海外で試合をすることはないだろうな。

話は前後するけど、ムタの国内復帰戦は、この２０１９年の7月14日だった。その舞台がまた意外な団体で、九州プロレスというご当地プロレスでね。

俺が入門した頃、プロレス団体は東京に集中していたけど、今や全国の都道府県にこういったローカル団体がある。しかも、九州プロレスはＮＰＯ法人なんだよ。うまいこと興行をやっていて、金を貯めて年に1回くらいお祭り的に俺みたいなギャラの高いレスラーを呼ぶんだ。

俺が出たことがある団体だと、グレート☆無茶という奴がやっている信州プロレスも猪木さんや長州さん、藤波さんをゲストとして呼んだりするからね。どう見たって赤字になりそうだけど、そこはうまくやっているんだよな。

国内復帰戦のカードは九州プロレス代表の筑前りょう太、野崎広大と組んで、玄海＆阿蘇山＆ＨＵＢという連中との6人タッグマッチだった。会場はアクロス福岡で、九州のみなさんもムタのことを歓迎してくれたよ。福岡は、かつて長州さんやホーガン、猪木さんとシングルマッチをやった土地だからね。

人工関節を入れてから、以前に比べて膝の状態は格段に良くなった。そこでムタも久しぶりにシングルマッチをやることになってね。今度はプロレスリング・ノアからのオファーで、11月2日の両国国技館大会で丸藤正道と対戦したよ。過去に武藤敬司で出場したことはあったけど、ムタにとってはこれがノア初見参になる。

丸藤は現在のノアを代表するレスラーの一人で、彼も天才と呼ばれている人間だよ。ただ、試合中の動きはともかく、ムタとやるとなったら丸藤にしてもそうなんだけど、みんな中途半端な出で立ちやギミックで対抗してくるよな。

彼の場合は、ボディペイントをしてきたりね。それにムタvs長州戦のオマージュなんだろうけど、消火器も持ってきた。いつもの試合と違う風景を作ることを考えれば、こういったギミックもいいかもしれない。

ただ、なんとなく彼らがやるキャラクターは通りすがりで終わってしまうようなものが多いよ。その試合のためだけに考えてきたキャラクターなんだよな。もちろん、俺みたいに武藤敬司とグレート・ムタを別々の人格として使い分けていこうなんて考えないだろうから、最初からそのくらいの意気込みでしかないんだろうけどね。

試合自体は、嫌いな試合ではなかったよ。彼が消火器を使ったからというわけじゃないけど、ムタも火炎攻撃で対抗したしね。

ところで、翌2020年4月1日の無観客興行をもって、W-1が解散した。俺は2017年に社長職を降りて、会長という座に就いていてね。社長はカズ・ハヤシに任せて、割と自由に活動をさせてもらっていたけど、団体経営は上向かず、最終的にギブアップとなったわけだ。オーナーが金を出さないと言ったら、もう終わりだよ。プロレス団体って意外にしぶとくて潰れないんだ。でも、W-1に関しては潔い最後だったと思う。

このW-1の解散に伴って、俺もムタもプロレス人生で初めてのフリーランスとなったわけだ。知っての通り、W-1の解散と前後して、世界はコロナ禍に見舞われた。この本を書いている2021年現在もその状況は続いているし、日本も2度目の緊急事態宣言が発せられたり、世の中がガラリと変わってしまったよな。

プロレス界も興行が中止になったり、無観客での興行を余儀なくされるようになった。W-1の最後の興行が無観客になったのも、コロナの影響だよ。

そうした中で、俺にオファーをくれたのがノアだった。今のところ、ムタの最後の出番もノアのリングになる。それが2020年5月18日放送分のAbemaTVでのテレビマッチ。これも無観客試合でね。カードは丸藤の化身「魔流不死（まるふじ）」と組んで、相手は桜庭和志とドラゴンゲートの望月成晃だった。

イントロダクションでも書いたけど、新型コロナウィルスはムタにとって一番の天敵だよ。感染拡大防止のために、飛沫を飛ばすのはご法度という風潮になっているからね。そうなると、毒霧を顔面に吹きかけるなんて許されなくなるよ。

そこで役に立ったのが丸藤がムタに対して使った消火器だった。この日、魔流不死が消火器を持参してきてね。この消火器の白煙が渦巻く中で、いつの間にか桜庭の顔が緑の毒霧で染

まっていたんだよ。

こういう普通じゃない状況の中でやる試合って、それはそれで面白いんだ。それを乗り越えようと、いろいろ考えたりするから、やりがいを感じるよ。むしろ、そういう状況になればなるほど、俺のプロレス頭は刺激されるんだ。

無観客という状況も、ムタにとってはそう難しいことではないよ。無観客の場合、カメラに映らない場所だったら、何をやっても関係ないんだ。そういった空間を利用することを考えると、楽しくてしょうがない性分なんだよ。俺もムタも若い頃から、その環境をいかに利用するかということを考えてプロレスをやってきたからね。それに無観客だからこそ、できることもあるんだよ。

桜庭は元々UWFインターナショナルのレスラーで、新日本との対抗戦にも出場していたけど、あの頃はまだ若手だったから、それほど印象には残っていない。でも、その数年後に総合格闘技のPRIDEでブレイクして、グレイシーハンターとして一世を風靡したよな。

ただ、彼も歳を重ねたことで、プロレスのリングに舞い戻ってきた。一時期は新日本にも出ていたけど、今の主戦場が彼の出身団体であるUインターやPRIDEとは真逆のノアというところがまたプロレスの面白さでもあるよ。

初めて肌を合わせてみて、なかなかいいと思った。ただ、あいつのモンゴリアンチョップは嫌いだね。あれは下手くそだよ。ああいう技を使わずに、もっと彼本来の強さを売りにした方が活きるような気がする。総合格闘技では世界レベルで活躍した技術があるんだからさ。

NOAH
NOAH

この年の12月6日に代々木第二体育館でやった拳王と桜庭のGHCナショナル王座のタイトルマッチは、凄く面白かったよ。桜庭の持ち味である関節技がバンバン出ていたし、お互いに工夫した試合をしていたと思う。

ところで、これもイントロダクションで書いたけど、2021年2月に潮﨑豪からGHCヘビー級王座を奪取した俺は2年契約でノアに入団した。ファンには意外な選択と思われたかもしれない。でも、俺はノアという団体に凄く可能性を感じていたんだ。

ご存じのように、ノアは三沢光晴さんが社長だった時代に隆盛を誇っていた。でも、そこから何度も身売りして現在がある。今はかつての隆盛を取り戻そうと、がんばっている状態だよな。前にも書いた通り、俺は発展途上の場所に行った方がやりがいを感じるし、楽しさも感じるんだよ。

そもそも俺くらいのキャリアになると、完成した団体に行っても大切に扱われるわけがない。自分で言うのも何だけど、若い選手が充実している団体では俺のようなベテランは使いづらいよ。

かつてビジネスが落ち込んでいた新日本が俺をエースのように使って再浮上したことがあるよな。現時点で発展途上段階のノアは俺のことを大切にしてくれるし、必要としてくれる。それはある意味、人間にとって生きがいだからね。必要とされなくなったら、終わっていくだけだよ。

このコロナ禍の中で、無観客でもいいから試合をやろうとしていたノアの姿勢も素晴らしいと思う。そこにプロレスを絶対に絶やさないという強い意思を感じたんだ。

　昔、プエルトリコで一緒だったブルーザー・ブロディは小さなテリトリーを渡り歩き、自分でそのプロモーションを大きくしていくのが好きだと言っていたらしいね。俺も同じような感覚があるんだよ。ただ、ブロディの場合は性格が悪いから、プロモーター側が強く出られないようなテリトリーを選んでいただけかもしれないけどね。そういう部分があったから、最終的には悲劇的な最期を迎えてしまったという可能性も考えられるよ。俺もムタも、そうならないように気を付けないとな。

　それから、何よりも俺が新日本を出て、全日本やW-1時代に欲しくて欲しくてたまらなかったものがノアには揃っているということも大きかった。それは何かと言うと、しっかりとした放送媒体だよね。ノアの現在の運営会社はサイバーファイトといって、AbemaTVを運営しているサイバーエージェントの子会社になる。ノアとDDTが経営面で統合されて作られた会社で、社長はDDTの高木三四郎だよ。

　このAbemaTVというインターネットテレビサービスを抱えているということがノアを選択する上で大きく左右した。やっぱり、プロレスラーって見てもらってなんぼだからね。AbemaTVはPPVもあるし、海外にも映像を配信している。今のノアには俺が望むものが大概揃っているよ。

　やっぱり、プロレスの原点って見世物だと思うからさ。よりたくさんの人に見てもらうには、こういったハードが整っていることが大切だよ。特にコロナ禍によって社会が大きく変容してしまったことで、映像配信はプロレス団体にとって益々重要度が増している。これがないと昔の芝居小屋と一緒で未来がないし、勝負できないと思うよ。

もしかしたら、コロナの影響でプロレスの形そのものが変わるかもしれないしね。映像配信の比重が大きくなっていくと、スマートフォンがプロレスを見る媒体になるんだ。

若い奴らはみんなスマホを持っているし、テレビよりもスマホを見ている時間の方が圧倒的に増えているだろうしね。そこで普通に試合をしていたら、すぐに飽きて、チャンネルを変えてしまうよ。

俺も還暦が近くなってきて、そんなジジイがリング上でへばっていたら、今の若い子は捕まえられないかもしれない。テレビとスマホでは、間違いなくプロレスの見方も変わってくるよ。若い奴らなんて、総じて移り気だしね。

でも、ムタみたいな奴が画面に出てきたら、きっと「なんだ、こいつは⁉」と驚くと思うよ。ムタが毒霧を吹いたり、火炎攻撃をすれば、刺激に慣れている若い奴らも驚かせることができる。ビジュアルもキャッチーだし、新たにプロレスファンを開拓することを考えたら、取っ掛かりになりやすい存在だと思うよ。俺には、それをやる自信があるんだ。

さらに所属になったことで、戦うテーマもいろいろ生まれるからね。確かにフリーの状態でインディー団体に呼ばれれば、それなりのギャラをもらえるよ。ただ、金欲しさに出ても、自分のプロレス人生の糧になるわけでもないからね。金のためだけにプロレスをするのは、それこそ消化試合になってしまうし、お客さんにも失礼だよな。

俺は常々、プロレスは線にしていかないといけないと考えているんだ。スポット参戦だと、それこそ点にしかならないわけだ。あと何年プロレスができるかわからないし、やっぱり充実したライフを今後も送っていきたいからね。

新日本時代から常に比較されていた三沢さんが作った団体に入ったのも何かの縁だよな。ただ、俺自身はそこまで三沢さんの存在を意識しているわけでもないよ。昔、「思い出と喧嘩しても勝てない」というセリフを吐いたことがあるけど、ファンの三沢さんに対する思い出と喧嘩しても勝てないからね。俺は俺のプロレスをノアでやっていくだけだよ。

思い出と喧嘩するって大変なことなんだ。俺にしてもムタにしても昔の自分と喧嘩しようとしても、やっぱり思い通りにはいかないよ。

膝だって人工関節を入れたとはいえ、昔のような動きはできないからな。ノアの試合で久々にスペースローリングエルボーを出してみたけど、失敗しちまったよ。側転した勢いで行けるかなと思ったんだ。でも、今の膝は縦の負荷が厳しいというか、やっぱり無理だったね。足のバネが利かないよ。

3月14日に福岡国際センターで清宮海斗を相手にGHCヘビー級王座の初防衛戦をやった時には、雪崩式フランケンシュタイナーを出したんだ。膝が90度に曲がらないからコーナーの最上段に上がるのも一苦労だったし、落ちそうになって、かなり危なかったな。でも、それでいいんだ。思い出と喧嘩しても勝てないと自分で言っているんだし、今のありのままの俺を見せていくだけだよ。

ムーンサルトプレスだって、出せるものなら出したいよ。潮﨑からGHC王座を獲った試合でも一旦コーナーに上がったけど、ためらう気持ちが出て、結局は飛べなかった。まだプロレス人生を終わらせるわけにはいかないからな。

でも、膝の状態はかなり良くなったことは確かだよ。今も歩くのは大変だけど、だいぶマシになった。人工関節を入れる前は階段も横向きで上がっていたけど、今は正面を向いて上がれるからさ。手術前はただ座っているだけでも痛かったんだから、それに比べればかなりいいよ。練習だって、ちゃんとできる。有酸素運動や足の運動も可動域は限られるにしても、重たい器具を使ってできるようになった。

その一方で、他の筋肉に負担がかかって今の方が辛い箇所もある。俺の膝は右と左で状態も違うし、前から右の方がひどいんだ。杭のようなものが1本入っている状態で、そのバランスが悪いから股関節に負担がかかるんだよ。

でも、人工関節にして何がいいって、テーピングが楽になったことだな。以前はガチガチに固めないと、試合ができなかった。これが結構キツくて、血が止まってしまうんだよ。だから、試合までの時間を逆算してテーピングをするんだ。しかも自分一人ではできないから、必ず誰かにやってもらわないといけない。

そういうこともあって、他団体や海外に行く時は必ず誰か若い衆を帯同していた。俺やムタを呼ぶ団体にすれば、一人分エクストラで経費がかかるわけだ。それが今は必要なくなったんだ。サポーターをしたら、終わりだからね。

そういうわけで、いつまで戦えるかわからないけど、俺もムタも当面はノアの所属選手としてがんばるつもりだよ。俺がGHCのベルトを獲ったことでそれなりに話題になったと思うし、団体のネームバリューの上昇に貢献できたと思う。

潮﨑との試合は、評判も良かったしね。もしこの試合がベストバウトなんかを獲ったら、それまで潮﨑たちが50分も60分も必死にやっていた試合は、一体何だったんだってことになってしまう。でも、そこを潮﨑たちが考えてくれれば、まだまだノアも発展していく余地があるよ。思い出と喧嘩しても勝てないと言った頃の喧嘩相手は猪木さんや長州さんだったけど、今は俺がその思い出側にいるんだから皮肉だよな。

まあ、いろいろ不便な世の中になってしまったとはいえ、プロレスを衰退させるわけにはいかないからね。そのために俺もムタも、もう一踏ん張りするよ。この逆境をいかに乗り越えるか。それを考えるのも、プロレスラーとしては楽しい時間だからさ。

もしかしたら武藤敬司がグランドスラムを達成したことで、グレート・ムタにもその欲が出てきているかもしれないよな。ムタだってIWGP王座と三冠王座を獲ったことがあるし、グランドスラムに王手をかけているからね。だから、きっとどこかで次の出番をうかがっているはずだよ。

武藤敬司（むとう・けいじ）

1962年12月23日、山梨県富士吉田市出身。身長188cm、体重110kg。1984年に新日本プロレスに入門。同年10月5日、越谷市立体育館での蝶野正洋戦でデビューした。２度目のアメリカ武者修行中、WCWでペイントレスラーの「グレート・ムタ」に変身して大ブレイク。凱旋帰国後、新日本プロレスのトップ選手として数々のタイトルを獲得した。2002年に全日本プロレスに移籍し、代表取締役社長に就任。その後、WRESTLE-1を経て、現在はプロレスリング・ノア所属。

G SPIRITS BOOK Vol.15

グレート・ムタ伝

2021年5月20日　初版第１刷発行

著　者　武藤敬司
編集人　佐々木賢之
発行人　廣瀬和二
発行所　辰巳出版株式会社
〒160-0022 東京都新宿区新宿 2-15-14 辰巳ビル
TEL：03-5360-8064（販売部）
TEL：03-5360-8977（編集部）
印刷・製本　図書印刷株式会社

デザイン　柿沼みさと
編　集　小松伸太郎
写真提供　プロレスリング・ノア、バーニングスタッフ、原 悦生、山内 猛
編集協力　佐藤 篤、小泉悦次

Printed in Japan　ISBN 978-4-7778-2733-6